Telegraphenwege-Gesetz

vom 18. Dezember 1899

nebst

den vom Reichskanzler erlassenen Ausführungsbestimmungen vom 26. Januar 1900

und den

Erläuterungen und Ausführungsanweisungen des Reichs-Postamts.

Amtliche Ausgabe.

Berlin 1900.

J. Guttentag, Verlagsbuchhandlung, G. m. b. H.

Telegraphenwege-Gesetz

vom 18. Dezember 1899

(Reichs-Gesetzbl. S. 705)

nebst

den vom Reichskanzler unter Zustimmung des Bundesraths erlassenen

Ausführungsbestimmungen

vom 26. Januar 1900.

(Reichs-Gesetzbl. S. 7.)

Wir Wilhelm, von Gottes Gnaden Deutscher Kaiser, König von Preußen rc.

verordnen im Namen des Reichs, nach erfolgter Zustimmung des Bundesraths und des Reichstags, was folgt:

§. 1.

I. Rechte an öffentlichen Wegen rc.

Die Telegraphenverwaltung ist befugt, die Verkehrswege für ihre zu öffentlichen Zwecken dienenden Telegraphenlinien zu benutzen, soweit nicht dadurch der

Gemeingebrauch der Verkehrswege dauernd beschränkt wird. Als Verkehrswege im Sinne dieses Gesetzes gelten, mit Einschluß des Luftraums und des Erdkörpers, die öffentlichen Wege, Plätze, Brücken und die

---

Erläuterungen und Ausführungsanweisungen des Reichs-Postamts.

Abkürzungen:

Begr. bedeutet Begründung zu dem Entwurf eines Telegraphenwege-Gesetzes (Drucksachen des Reichstags, 10. Legislatur-Periode I. Session 1898/1900 Nr. 170).

Kom. Ber. bedeutet Bericht der XIV. Kommission über den Entwurf eines Telegraphenwege-Gesetzes (Drucksachen des Reichstags, 10. Legislatur-Periode, I. Session 1898/1900 Nr. 170).

Sten. Ber. bedeutet Stenographische Berichte über die Verhandlungen des Reichstags, 10. Legislatur-Periode, I. Session 1898/1900.

Zu §. 1.

I. Der Begriff der »zu öffentlichen Zwecken dienenden Telegraphenlinien« ist derselbe wie in den §§. 317 und 318 des Strafgesetzbuchs (Kom. Ber. S. 5). Es gehören also hierzu die Linien, welche zum allgemeinen Gebrauche vorhanden sind oder welche zum unmittelbaren Nutzen des Publikums dienen. Hierzu sind auch die Haupt- und Nebenanschlüsse an die Fernsprechnetze oder Umschaltestellen zu rechnen (Urtheil des Reichsgerichts vom 10. Dezember 1896, Entscheidungen des Reichsgerichts in Strafsachen, Band 29 S. 244), desgleichen die Nebentelegraphenanlagen, da sie den Anschluß an das allgemeine Telegraphennetz vermitteln. Die besonderen Telegraphenanlagen, welche keinen Anschluß an das öffentliche

öffentlichen Gewässer nebst deren dem öffentlichen Gebrauche dienenden Ufern.

Telegraphen- oder Fernsprechnetz besitzen, fallen nur dann unter den §. 1, wenn sie unmittelbar dem Publikum dienen (z. B. Feuerwehr-Telegraphen, Telegraphen der Deichverbände ꝛc.). Besondere Telegraphenlinien, welche nicht unter den §. 1 fallen, werden von der Reichs-Telegraphenverwaltung nur ausgeführt, wenn der Antragsteller die Genehmigung des Wegeunterhaltungspflichtigen und der Grundeigenthümer zur Benutzung des öffentlichen Weges und der betreffenden Privatgrundstücke zur Herstellung der Linie beibringt.

II. Der Gemeingebrauch eines Verkehrswegs ist der Jedermann ohne besondere Genehmigung zustehende Gebrauch des Weges (Kom. Ber. S. 7), insbesondere also dessen Benutzung zum Gehen, Reiten, Fahren. Dagegen fällt die Benutzung des Weges zu besonderen Anlagen (Straßenbahnen, Beleuchtungsanlagen ꝛc.) nicht unter den Gemeingebrauch.

III. Durch den §. 1 wird keine der drei deutschen Telegraphenverwaltungen ermächtigt, auf dem Gebiet einer anderen dieser Verwaltungen ohne deren Zustimmung Telegraphenlinien zu errichten. Soweit aber eine solche Zustimmung ertheilt ist, hat jede der drei Verwaltungen (§. 16) die durch das Gesetz bestimmten Rechte, auch wenn die herzustellende Telegraphenlinie sich in dem Gebiet einer anderen Verwaltung befindet (Begr. S. 15).

Der Begriff der öffentlichen Wege, Plätze, Brücken und Gewässer richtet sich nach dem Landesrechte. Im Uebrigen fallen alle öffentlichen Wege, nicht nur Kunststraßen unter das Gesetz, insbesondere auch solche, welche, wie Fußgängerwege, nur einem beschränkten Straßenverkehre dienen (Begr. S. 15).

Unter Telegraphenlinien sind die Fernsprechlinien mitbegriffen.

Unter dem Luftraum über und dem Erdkörper unter den öffentlichen Wegen ꝛc. ist nur der in gerader Linie (rechtwinklig zur Erdoberfläche) darüber und darunter befindliche Raum zu verstehen, eine seitliche Ausdehnung ist ihm nicht zu geben (Kom. Ber. S. 4).

Die Befugniß der Telegraphenverwaltung zur Benutzung der Verkehrswege erstreckt sich auf die Herstellung, Erweiterung, Unterhaltung, Umlegung und Beseitigung der Telegraphenlinien, und zwar oberirdischer und unterirdischer.

IV. Bei der Herstellung und Unterhaltung der Telegraphenlinien ist mit möglichster Rücksichtnahme auf alle hinsichtlich des benutzten Verkehrswegs in Betracht kommenden berechtigten Interessen vorzugehen. Insbesondere ist dafür zu sorgen, daß die Telegraphenlinien die Benutzung der Wege für andere Zwecke möglichst wenig hindern; auch ist in den Fällen, in welchen die besondere Beschaffenheit oder Bestimmung des Weges eine Berücksichtigung in der Art und Weise der Ausführung der Telegraphenlinie erheischt, billigen Anforderungen zu entsprechen und z. B. dort, wo im öffentlichen Interesse aus ästhetischen Rücksichten der zur Unterhaltung des Weges Verpflichtete besondere Aufwendungen macht, diesen Rücksichten Rechnung zu tragen. Erfordert das öffentliche Interesse, daß wegen der besonderen Verhältnisse des Weges die Telegraphenlinie unterirdisch geführt werde oder daß die äußere Form des zur Anbringung der Telegraphenleitungen dienenden Gestänges sich dem äußeren Charakter der Straße anpasse, so ist auf diese Anforderungen möglichst Rücksicht zu nehmen.

§. 2.

Bei der Benutzung der Verkehrswege ist eine Erschwerung ihrer Unterhaltung und eine vorübergehende Beschränkung ihres Gemeingebrauchs nach Möglichkeit zu vermeiden.

Wird die Unterhaltung erschwert, so hat die Telegraphenverwaltung dem Unterhaltungspflichtigen die aus der Erschwerung erwachsenden Kosten zu ersetzen.

Zu §. 2.

I. Um den Wegeunterhaltungspflichtigen Gelegenheit zu bieten, ihre Interessen auch während der Ausführung der Telegraphen-Bauarbeiten zur Geltung zu bringen, haben die bauleitenden Beamten jenen von dem bevorstehenden Beginne der Arbeiten rechtzeitig Nachricht zu geben.

II. Soweit bei der Benutzung eines Verkehrswegs für Telegraphenlinien eine vorübergehende oder dauernde Erschwerung seiner Unterhaltung sich nicht vermeiden läßt, sind dem Unterhaltungspflichtigen die ihm aus dieser Erschwerung erwachsenden Kosten zu ersetzen. Diese Verpflichtung umfaßt alle Mehrkosten, die dem Unterhaltungspflichtigen dadurch verursacht werden, daß die Ausführung der ihm gemäß seiner Unterhaltungspflicht obliegenden Wegearbeiten, mag es sich um die Erhaltung des bestehenden Zustandes des Weges oder um Verbesserungen dieses Zustandes handeln, durch die von der Telegraphenverwaltung ausgeführten Arbeiten vertheuert worden ist (Begr. S. 16, 17). Im Interesse der Reichskasse ist daher soweit als irgend möglich Sorge zu tragen, daß derartige Ausgaben durch die Art der Bauausführung vermieden werden.

Nach Beendigung der Arbeiten an der Telegraphenlinie hat die Telegraphenverwaltung den Verkehrsweg sobald als möglich wieder in Stand zu setzen, sofern nicht der Unterhaltungspflichtige erklärt hat, die Instandsetzung selbst vornehmen zu wollen. Die Telegraphenverwaltung hat dem Unterhaltungspflichtigen die Auslagen für die von ihm vorgenommene Instandsetzung zu vergüten und den durch die Arbeiten an der Telegraphenlinie entstandenen Schaden zu ersetzen.

§. 3.

Ergiebt sich nach Errichtung einer Telegraphenlinie, daß sie den Gemeingebrauch eines Verkehrswegs, und zwar nicht nur vorübergehend, beschränkt oder die Vornahme der zu seiner Unterhaltung erforderlichen Arbeiten

---

Zu §. 3.

1. Die Voraussetzungen und das Verfahren für die Einziehung oder Verlegung eines Verkehrswegs richten sich nach den Bestimmungen des Landesrechts. Diese sind auch maßgebend, soweit es sich um die Zuständigkeit der Wege- oder Strompolizeibehörden zur Entscheidung darüber handelt, ob wegen nicht nur vorübergehender Behinderung des Gemeingebrauchs der Verkehrswege, z. B. in Folge einer erheblichen Steigerung des Wagenverkehrs auf einer Straße, eine Aenderung an der Telegraphenlinie nothwendig ist.

Gegenüber den Entscheidungen der Wegepolizeibehörden 2c. finden die nach Landesrecht gegebenen Rechtsmittel, u. U. auch das Verwaltungsstreitverfahren statt (Begr. S. 23).

verhindert oder der Ausführung einer von dem Unterhaltungspflichtigen beabsichtigten Aenderung des Verkehrswegs entgegensteht, so ist die Telegraphenlinie, soweit erforderlich, abzuändern oder gänzlich zu beseitigen.

Soweit ein Verkehrsweg eingezogen wird, erlischt die Befugniß der Telegraphenverwaltung zu seiner Benutzung.

In allen diesen Fällen hat die Telegraphenverwaltung die gebotenen Aenderungen an der Telegraphenlinie auf ihre Kosten zu bewirken.

§. 4.

Die Baumpflanzungen auf und an den Verkehrswegen sind nach Möglichkeit zu schonen, auf das Wachsthum der Bäume ist thunlichst Rücksicht zu nehmen. Ausästungen können nur insoweit verlangt werden, als sie zur Herstellung der Telegraphenlinien oder zur Ver-

---

Soweit eine Zuständigkeit der Landesbehörden nicht Platz greift oder diese nicht einschreiten, werden Streitigkeiten, welche sich aus den Bestimmungen des §. 3 ergeben, im ordentlichen Rechtsweg entschieden.

II. Ebensowenig wie der Gemeingebrauch eines Verkehrswegs durch die Telegraphenlinien dauernd beschränkt werden darf, dürfen Arbeiten an den Verkehrswegen, die zu deren Unterhaltung nothwendig sind, verhindert werden. Hiernach muß eine Telegraphenlinie z. B. auch dann von der Telegraphenverwaltung auf deren Kosten geändert werden, wenn ohne diese Aenderung eine im Interesse des Verkehrswegs erforderliche Entwässerungsanlage unmöglich wäre (Begr. S. 17).

hütung von Betriebsstörungen erforderlich sind; sie sind auf das unbedingt nothwendige Maß zu beschränken.

Die Telegraphenverwaltung hat dem Besitzer der Baumpflanzungen eine angemessene Frist zu setzen, innerhalb welcher er die Ausästungen selbst vornehmen kann. Sind die Ausästungen innerhalb der Frist nicht oder nicht genügend vorgenommen, so bewirkt die Telegraphenverwaltung die Ausästungen. Dazu ist sie auch berechtigt,

---

Zu §. 4.

I. Wenn bei der Herstellung einer Telegraphenlinie die Ausästung einer Baumallee in Frage kommt, deren unversehrter Bestand als eine Forderung des öffentlichen Interesses anzuerkennen ist, so ist jede Verunstaltung thunlichst zu vermeiden. Kann in solchen Fällen die Telegraphenlinie ohne erhebliche Beschädigung oder Verunstaltung der Baumpflanzungen nicht ausgeführt werden, so ist von der Benutzung des Weges für die Telegraphenlinie, wenn irgend angängig, Abstand zu nehmen und diese auf einem anderen Wege unterzubringen (Begr. S. 18). Ueberhaupt ist besonderer Werth darauf zu legen, daß die zur Sicherheit des Telegraphenbetriebs erforderlichen Ausästungen unter Vermeidung aller unnützen Schädigungen des Baumwuchses bewirkt werden.

II. In erster Linie soll den Baumbesitzern überlassen werden, die vorgeschriebenen Ausästungen selbst vorzunehmen. Indessen ist ein Ersuchen um Vornahme der Ausästungen an die Baumbesitzer nur dann zu richten, wenn es sich um neue Telegraphenanlagen handelt. Bezüglich der regelmäßigen Ausästungen sind die Baumbesitzer nur zu befragen, ob sie diese selbst bewirken oder deren Vornahme der Telegraphenverwaltung überlassen wollen.

wenn es sich um die dringliche Verhütung oder Beseitigung einer Störung handelt.

Die Telegraphenverwaltung ersetzt den an den Baumpflanzungen verursachten Schaden und die Kosten der auf ihr Verlangen vorgenommenen Ausästungen.

Demzufolge sind die Kosten der durch die Baumbesitzer erfolgenden Ausästungen bei Neuanlagen gemäß §. 4 Abs. 3 von der Telegraphenverwaltung, bei den regelmäßigen Ausästungen an vorhandenen Linien durch die Baumbesitzer zu tragen.

Soweit die Baumpflanzungen an den öffentlichen Wegen im Eigenthume der Straßenbauverwaltungen stehen, haben die Ober-Postdirectionen sich ein für alle Mal mit diesen darüber zu verständigen, ob sie die Ausästungen selbst vornehmen oder diese der Telegraphenverwaltung überlassen wollen. Im letzteren Falle haben die regelmäßigen Ausästungen möglichst in den frostfreien Wintermonaten zu erfolgen.

Zu den Ausästungen, welche die Baumbesitzer bewirken, kann ein Beamter der Telegraphenverwaltung (Leitungsaufseher) abgeordnet werden, welcher den Ausästungsarbeiten beiwohnt und über das Maß der zur Sicherung des Telegraphenbetriebs erforderlichen Ausästungen Auskunft zu ertheilen hat. Die Kosten für die Entsendung des Beamten trägt die Postkasse.

Wenn die Ausästungen durch die Telegraphenverwaltung bewirkt werden müssen, sei es, daß die Baumbesitzer die Ausästung unterlassen oder sie nicht in ausreichendem Maße bewirken, oder daß es sich um die dringliche Verhütung oder Beseitigung von Störungen handelt, so sind die Arbeiten einem besonders abzuordnenden Leitungsaufseher zu übertragen. Ausästungen größeren Umfanges sind durch einen Sachverständigen

Ausführungsbestimmungen des Reichskanzlers vom 26. Januar 1900.

Auf Grund des §. 18 des Telegraphenwege-Gesetzes vom 18. Dezember 1899 (Reichs-Gesetzbl. S. 705) wird nach Zustimmung des Bundesraths Folgendes angeordnet:

1. Die Ausästungen sind in dem Maße zu bewirken, daß die Baumpflanzungen mindestens 60 Centimeter nach allen Richtungen von den Leitungen entfernt sind. Ausästungen über die Entfernung von

---

(Gärtner rc.) auszuführen. Den Baumbesitzern ist, soweit möglich, Gelegenheit zu geben, bei der Ausästung anwesend oder vertreten zu sein.

In allen Fällen, in denen die Telegraphenverwaltung die Ausästung selbst bewirken läßt, ist die Entfernung von höchstens 1 m von den Leitungen strenge einzuhalten. Durch Zuwiderhandlungen würden die die Ausästung leitenden Beamten für den den Baumbesitzern zu leistenden Schadenersatz regreßpflichtig werden.

III. Die Ober-Postdirectionen haben eine stets auf dem Laufenden zu haltende Nachweisung darüber zu führen, wem die Unterhaltungspflicht der für die Telegraphenlinien benutzten öffentlichen Wege obliegt. Auch haben sie sich thunlichst bei den Wegeunterhaltungspflichtigen über die Eigenthums- und Pachtverhältnisse an den in der Nähe der Telegraphenlinien befindlichen Baumpflanzungen zu unterrichten.

IV. Bei Unfällen der mit den Ausästungsarbeiten betrauten Personen liegt der Telegraphenverwaltung die Entschädigungspflicht insoweit ob, als die Ausästung in Erledigung eines besonderen Auftrags der Telegraphenverwaltung ausgeführt worden ist (Kom. Ber. S. 13).

1 Meter im Umkreise der Leitungen können nicht verlangt werden. Innerhalb dieser Grenzen sind die Ausästungen so weit vorzunehmen, als zur Sicherung des Telegraphenbetriebs erforderlich ist.

§. 5.

Die Telegraphenlinien sind so auszuführen, daß sie vorhandene besondere Anlagen (der Wegeunterhaltung dienende Einrichtungen, Kanalisations-, Wasser-, Gasleitungen, Schienenbahnen, elektrische Anlagen und dergleichen) nicht störend beeinflussen. Die aus der Herstellung erforderlicher Schutzvorkehrungen erwachsenden Kosten hat die Telegraphenverwaltung zu tragen.

V. Ist die Telegraphenverwaltung auf Grund eines außerhalb des Rahmens des Telegraphenwege-Gesetzes liegenden Titels berechtigt, die Beseitigung von Zweigen der auf oder an der Straße befindlichen Bäume ohne Entschädigung zu verlangen, so ist, falls die geforderte Ausästung sich lediglich in den Grenzen dieser Pflicht hält, eine Entschädigung nicht zu gewähren (Begr. S. 18).

Zu §§. 5 und 6

I. Soweit der Unternehmer zur Errichtung besonderer Anlagen nach dem Landesrecht einer obrigkeitlichen Genehmigung bedarf, bleibt das Recht der Landesbehörde unberührt, nach ihrem Ermessen dem Unternehmer bei der Ertheilung der Genehmigung andere als die aus den Vorschriften der §§. 5 und 6 sich ergebenden Bedingungen aufzuerlegen (Begr. S. 20). Doch kann hierdurch das Rechtsverhältniß der Telegraphenverwaltung

Die Verlegung oder Veränderung vorhandener besonderer Anlagen kann nur gegen Entschädigung und nur dann verlangt werden, wenn die Benutzung des Verkehrswegs für die Telegraphenlinie sonst unterbleiben müßte und die besondere Anlage anderweit ihrem Zwecke entsprechend untergebracht werden kann.

Auch beim Vorhandensein dieser Voraussetzungen hat die Benutzung des Verkehrswegs für die Telegraphenlinie zu unterbleiben, wenn der aus der Verlegung oder Veränderung der besonderen Anlage entstehende Schaden gegenüber den Kosten, welche der Telegraphenverwaltung aus der Benutzung eines anderen ihr zur Verfügung stehenden Verkehrswegs erwachsen, unverhältnißmäßig groß ist.

---

zu dem Unternehmer der besonderen Anlagen zu Ungunsten der ersteren ohne deren Zustimmung nicht verändert werden.

II. Die Vorschriften in den §§. 4 und 8 des Preußischen Gesetzes über Kleinbahnen und Privatanschlußbahnen vom 28. Juli 1892 sind auch nach dem Inkrafttreten des Telegraphenwege-Gesetzes in Geltung geblieben. Darnach muß der zuständigen Ober-Postdirection vor Ertheilung der Genehmigung zur Herstellung und zum Betrieb einer Kleinbahn, welche sich dem Bereich einer Reichs-Telegraphenanlage nähert, auch dann, wenn dieselbe von den Wegeunterhaltungspflichtigen erbaut werden soll, Einsicht der nach §. 5 des Kleinbahn-Gesetzes beizubringenden technischen Unterlagen (Baupläne 2c.) und Gelegenheit zur gutachtlichen Aeußerung darüber gegeben werden, welche Auflagen dem Unternehmer im Interesse der

Diese Vorschriften finden auf solche in der Vorbereitung befindliche besondere Anlagen, deren Herstellung im öffentlichen Interesse liegt, entsprechende Anwendung. Eine Entschädigung auf Grund des Abs. 2 wird nur bis zu dem Betrage der Aufwendungen gewährt, die durch die Vorbereitung entstanden sind. Als in der Vorbereitung begriffen gelten Anlagen, sobald sie auf Grund eines im Einzelnen ausgearbeiteten Planes die Genehmigung des Auftraggebers und, soweit erforderlich, die Genehmigungen der zuständigen Behörden und des Eigenthümers oder des sonstigen Nutzungsberechtigten des in Anspruch genommenen Weges erhalten haben.

§. 6.

Spätere besondere Anlagen sind nach Möglichkeit so auszuführen, daß sie die vorhandenen Telegraphenlinien nicht störend beeinflussen.

Reichs-Telegraphenverwaltung zu machen sind. Ebenso sind diejenigen im Verwaltungsweg ergangenen Vorschriften unberührt geblieben, welche die Anhörung der Ober-Postdirectionen vor der polizeilichen Genehmigung der elektrischen Beleuchtungs- und Kraftübertragungsanlagen anordnen. Es werden also auch ferner in diesen Fällen Vorschriften zum Schutze der Reichs-Telegraphenanlagen in die Genehmigungsurkunde aufzunehmen sein.

Zu §. 6.

1. Bei der Herstellung neuer Telegraphenlinien ist thunlichst darauf Rücksicht zu nehmen, daß der Verkehrsweg auch in Zu-

Dem Verlangen der Verlegung oder Veränderung einer Telegraphenlinie muß auf Kosten der Telegraphenverwaltung stattgegeben werden, wenn sonst die Herstellung einer späteren besonderen Anlage unterbleiben müßte oder wesentlich erschwert werden würde, welche aus Gründen des öffentlichen Interesses, insbesondere

---

kunft trotz des Bestehens der Telegraphenlinie für besondere Anlagen benutzt werden kann.

II. Der Abs. 1 des §. 6 gilt allgemein, also auch für Anlagen der Wegeunterhaltungspflichtigen. Auch diese Anlagen sind »nach Möglichkeit« so auszuführen, daß sie die vorhandenen Telegraphenlinien nicht störend beeinflussen.

Soweit zu diesem Zwecke Maßnahmen zum Schutze von Telegraphenanlagen an der von dem Wegeunterhaltungspflichtigen ausgeführten späteren Anlage zu treffen sind, hat in allen Fällen der Wegeunterhaltungspflichtige die hierfür erwachsenden Kosten zu tragen.

Den besonderen Anlagen der Wegeunterhaltungspflichtigen sind durch das Gesetz folgende Vortheile zugestanden worden:

a) Würden die durch die Anpassung der späteren besonderen Anlage an die vorhandenen Telegraphenanlagen erforderlichen Maßregeln zu einer »wesentlichen Erschwerung« der Herstellung der späteren besonderen Anlage führen oder deren Herstellung unmöglich machen, so muß, wenn nicht die im Abs. 2 des §. 6 vorgesehene Ausnahme für Fernverkehrslinien vorliegt, die Telegraphenanlage auf Kosten der Telegraphenverwaltung der besonderen Anlage Platz machen.

aus volkswirthschaftlichen oder Verkehrsrücksichten, von den Wegeunterhaltungspflichtigen oder unter überwiegender Betheiligung eines oder mehrerer derselben zur Ausführung gebracht werden soll Die Verlegung einer nicht lediglich dem Orts-, Vororts- oder Nachbarortsverkehre dienenden Telegraphenlinie kann nur dann

---

b) Muß die Telegraphenanlage nicht weichen, so hat die Telegraphenverwaltung die an den Telegraphenanlagen erforderlich werdenden Schutzvorkehrungen auf ihre Kosten zu treffen.

Die Beantwortung der Frage, welche Schutzvorkehrungen an der späteren besonderen Anlage und welche an der vorhandenen Telegraphenanlage zu treffen sind, ergiebt sich aus der Bestimmung im Abs. 1 des §. 6. Hiernach muß zunächst die spätere besondere Anlage mit allen Schutzvorkehrungen, die an ihr getroffen werden können, ohne ihren wirthschaftlichen Zweck zu gefährden (»nach Möglichkeit«, ebenso im Abs. 2 »wesentlich erschwert werden würde«) versehen werden. Hierher gehört z. B. die Anbringung von Schutznetzen und Schutzdrähten, die Aufsattelung von Holzleisten auf die Arbeitsleitung elektrischer Bahnen, die Anwendung isolirter Leitungsdrähte, die Herstellung kurzer Kabelleitungen, welche die Kosten nicht unverhältnißmäßig steigern. Soweit hiermit nicht ausreichend geholfen werden kann, sind die dann noch nöthigen Schutzmaßregeln an der vorhandenen Telegraphenanlage anzubringen, z. B. durch Einschaltung von Schmelzsicherungen, Herstellung metallischer Rückleitungen, Umwandlung oberirdischer Linien in unterirdische, wo dies ohne Gefährdung des Betriebs möglich ist, u. s. w.

verlangt werden, wenn die Telegraphenlinie ohne Aufwendung unverhältnißmäßig hoher Kosten anderweitig ihrem Zwecke entsprechend untergebracht werden kann

Muß wegen einer solchen späteren besonderen Anlage die schon vorhandene Telegraphenlinie mit Schutzvorkehrungen versehen werden, so sind die dadurch entstehenden Kosten von der Telegraphenverwaltung zu tragen.

Das im vorigen Absatze Gesagte gilt allgemein, also auch bei anderen als den im Abs. 2 des §. 6 bezeichneten besonderen Anlagen der Wegeunterhaltungspflichtigen. Läßt sich auch durch Schutzvorrichtungen eine Sicherstellung des Betriebs der vorhandenen Telegraphenanlage nicht erreichen, so hat die beabsichtigte spätere besondere Anlage zu unterbleiben, sofern nicht auf Grund des §. 6 Abs. 2 die Verlegung der Telegraphenlinie verlangt werden kann.

Mit Rücksicht auf die Bestimmungen im §. 6 Abs. 4, wonach ein Wegeunterhaltungspflichtiger, wenn er seinen Antheil einem nicht unterhaltungspflichtigen Dritten überläßt, der Telegraphenverwaltung die durch die Verlegung oder Veränderung oder durch die Herstellung der Schutzvorkehrungen erwachsenen Kosten, soweit sie auf dessen Antheil fallen, zu erstatten hat, haben die Ober-Postdirectionen über die betreffenden Kosten genaue Nachweise zu führen und aufzubewahren.

III. Bei der geplanten Herstellung von Starkstromanlagen einschließlich elektrischer Bahnen durch Wegeunterhaltungspflichtige sind die den Unternehmern im Interesse der Reichs-Telegraphenverwaltung nach den geltenden Bestimmungen auf-

Ueberläßt ein Wegeunterhaltungspflichtiger seinen Antheil einem nicht unterhaltungspflichtigen Dritten, so sind der Telegraphenverwaltung die durch die Verlegung oder Veränderung oder durch die Herstellung der Schutzvorkehrungen erwachsenden Kosten, soweit sie auf dessen Antheil fallen, zu erstatten.

Die Unternehmer anderer als der in Abs. 2 bezeichneten besonderen Anlagen haben die aus der Ver-

---

zuerlegenden allgemeinen Bedingungen für Starkstromanlagen und die Vorschriften zum Schutze der Reichs-Telegraphen- und Fernsprechanlagen, welche beim Bau und Betrieb elektrischer Straßen- und Kleinbahnen zu beachten sind, mit einem abändernden Zusatze zu versehen, wonach die Kosten für die vorgeschriebenen Schutzvorrichtungen, insoweit als diese an der vorhandenen Telegraphenanlage anzubringen sind, von der Telegraphenverwaltung getragen werden.

IV. Eine überwiegende Betheiligung der Wegeunterhaltungspflichtigen liegt dann vor, wenn ihnen das Miteigenthum an der besonderen Anlage mehr als zur Hälfte zusteht.

V. Ein Verlangen der Wegeunterhaltungspflichtigen auf Beseitigung vorhandener Telegraphenanlagen gemäß §. 6 Abs. 2 des Gesetzes ist außerhalb des polizeilichen Genehmigungsverfahrens zwischen der Telegraphenverwaltung und dem Wegeunterhaltungspflichtigen zu erledigen. Meinungsverschiedenheiten sind im ordentlichen Rechtswege zum Ausdrucke zu bringen.

VI. Für die Frage, wann Kosten als »unverhältnißmäßig hoch« im Sinne des Abs. 2 anzusehen sind, kommt nicht das Verhältniß der Kosten der neuen Anlage zu den Kosten der Verlegung der Telegraphenlinien in Betracht; es ist vielmehr

legung oder Veränderung der vorhandenen Telegraphenlinien oder aus der Herstellung der erforderlichen Schutzvorkehrungen an solchen erwachsenden Kosten zu tragen.

Auf spätere Aenderungen vorhandener besonderer Anlagen finden die Vorschriften der Abs. 1 bis 5 entsprechende Anwendung.

§. 7.

Vor der Benutzung eines Verkehrswegs zur Ausführung neuer Telegraphenlinien oder wesentlicher Aenderungen vorhandener Telegraphenlinien hat die Telegraphenverwaltung einen Plan aufzustellen. Der Plan soll die in Aussicht genommene Richtungslinie, den

---

entscheidend, ob die Verlegungskosten im Einzelfalle nach den für die Telegraphenverwaltung bei normalen Verhältnissen maßgebenden Grundsätzen so hoch sind, daß die Verwaltung sie nicht tragen kann (Sten. Ber. S. 3299).

Erklärt sich der Unternehmer der besonderen Anlage oder ein anderer Interessent bereit, die unverhältnißmäßig hohen Kosten zu tragen, so haben die Telegraphenlinien den späteren besonderen Anlagen des Wegeunterhaltungspflichtigen zu weichen, selbstverständlich unter der Voraussetzung, daß ein anderer geeigneter Weg für die Führung der Telegraphenlinie vorhanden ist (Sten. Ber. S. 3299).

Zu §. 7.

1. Vor der Aufstellung des Planes ist eine Verständigung mit den Wegeunterhaltungspflichtigen und den

Raum, welcher für die oberirdischen oder unterirdischen Leitungen in Anspruch genommen wird, bei oberirdischen Linien auch die Entfernung der Stangen von einander und deren Höhe, soweit dies möglich ist, angeben.

Der Plan ist, sofern die Unterhaltungspflicht an dem Verkehrsweg einem Bundesstaat, einem Kommunalverband oder einer anderen Körperschaft des öffentlichen Rechtes obliegt, dem Unterhaltungspflichtigen, anderenfalls der unteren Verwaltungsbehörde mitzutheilen; diese hat, soweit thunlich, die Unterhaltungspflichtigen von dem Eingange des Planes zu benachrichtigen. Der Plan ist in allen Fällen, in denen die Verlegung oder

---

sonst Betheiligten (den Baumbesitzern, den Unternehmern der besonderen Anlagen 2c.) über die Führung der Linie zu versuchen, um auf diese Weise Einsprüchen gegen den Plan nach Möglichkeit vorzubeugen. Zur Anbahnung einer solchen Verständigung haben die Ober-Postdirectionen oder deren Beauftragte so früh wie möglich mit den Betheiligten in Benehmen zu treten. Bei den Verhandlungen ist von der mündlichen Erörterung in weitestem Umfange Gebrauch zu machen. Auch wenn Ortsbesichtigungen von den Betheiligten nicht verlangt werden, sind solche in geeigneten Fällen in Vorschlag zu bringen. Den Betheiligten ist die Mitwirkung bei diesen zur Wahrnehmung ihrer Interessen anheimzustellen. Wird eine Verständigung nicht erzielt, so ist der Plan in der Art, welche die Ober-Postdirection für erforderlich erachtet, aufzustellen, die Entscheidung über die Meinungsverschiedenheit aber dem Einspruchsverfahren zu überlassen.

Veränderung einer der im §. 5 bezeichneten Anlagen verlangt wird oder die Störung einer solchen Anlage zu erwarten ist, dem Unternehmer der Anlage mitzutheilen.

Außerdem ist der Plan bei den Post- oder Telegraphenämtern, soweit die Telegraphenlinie deren Bezirke berührt, auf die Dauer von vier Wochen öffentlich auszulegen. Die Zeit der Auslegung soll mindestens in einer der Zeitungen, welche im betreffenden Bezirke zu den Veröffentlichungen der unteren Verwaltungsbehörden dienen, bekannt gemacht werden. Die Auslegung kann unterbleiben, soweit es sich lediglich um die Führung von Telegraphenlinien durch den Luftraum über den Verkehrswegen handelt.

Ausführungsbestimmmungen des Reichskanzlers vom 26. Januar 1900.

2. Wesentliche Aenderungen der Telegraphenlinien im Sinne des §. 7 Abs. 1 sind:

A. bei oberirdischen Linien, für deren Stützpunkte die Verkehrswege benutzt werden,

die Umwandelung einer Linie mit einfachen Gestängen in eine solche mit Doppelgestängen,

---

Nur in besonders dringlichen Fällen, z. B. wenn zu befürchten ist, daß sonst eine besondere Anlage mit Vorrang vor der Telegraphenanlage errichtet werden würde, darf ohne vorherige Verhandlung mit den Wegeunterhaltungspflichtigen ꝛc. zum Planfeststellungsverfahren geschritten werden.

die erstmalige Ausrüstung des Gestänges mit Querträgern, wenn diese weiter als 60 Centimeter von der Stange seitlich ausladen,

die Aenderung der Richtungslinie, insbesondere die Umlegung der Linie von der einen auf die andere Seite des Verkehrswegs;

B. bei oberirdischen Linien, welche die Verkehrswege nur im Luftraum überschreiten,

die Aenderung der Richtungslinie.

Beschränken sich die unter A und B bezeichneten Aenderungen auf einzelne Stützpunkte, so sind sie als wesentliche nicht anzusehen.

C. bei unterirdischen Linien,

die Vermehrung, Vergrößerung oder Umlegung der zur Aufnahme der Kabel dienenden Kanäle,

die Vermehrung oder Umlegung der unmittelbar in den Erdboden eingebetteten Kabel.

Unabhängig von dem Verlaufe des Planfeststellungsverfahrens kann mit der Ausführung der Telegraphenanlage begonnen werden, wenn der Wegeunterhaltungspflichtige und, falls die Veränderung einer besonderen Anlage verlangt oder

Umlegungen auf kurzen Strecken, welche mit Zustimmung des Wegeunterhaltungspflichtigen sowie der Unternehmer der von der Umlegung betroffenen besonderen Anlagen geschehen, sind als wesentliche Aenderungen nicht anzusehen.

3. Der nach §. 7 Abs. 1 aufzustellende Plan soll im Einzelnen folgenden Anforderungen entsprechen:

Er soll eine Wegezeichnung im Maßstabe von mindestens 1:50 000 enthalten, in welche die Richtung der Telegraphenlinie eingetragen ist und aus der sich erkennen läßt, welcher Theil des Verkehrswegs benutzt werden soll. Ferner sind in dem Plane anzugeben:

A. bei oberirdischen Linien, für deren Stützpunkte die Verkehrswege benutzt werden,
   der mittlere Stangenabstand,
   die für die Linie oder für deren einzelne Theile in Aussicht genommenen Stangenlängen,
   das Stangenbild,

---

die Vornahme von Ausästungen nothwendig wird, auch der Unternehmer der besonderen Anlage bz. der Besitzer der Baumpflanzungen schriftlich seine Zustimmung gegeben hat. In diesem Falle geschieht die Herstellung der Anlage zunächst auf Gefahr der Telegraphenverwaltung, welche ihre Anlage, wenn mit Erfolg Einspruch erhoben wird, wieder zu beseitigen hat (Kom. Ber. S. 26).

bei Kreuzungen der Wege die Mindesthöhe des untersten Drahtes über der Oberfläche des Verkehrswegs, im Uebrigen die Mindesthöhe des untersten Drahtes über dem Fußpunkte der Stange;

B. bei oberirdischen Linien, welche die Verkehrswege nur im Luftraum überschreiten,
die Bezeichnung der beiden seitlichen Stützpunkte,
deren Stangenbild,
die Mindesthöhe des untersten Drahtes über der Oberfläche des Verkehrswegs;

C. bei unterirdischen Linien,
die Tiefe des Kabellagers unter der Oberfläche des Verkehrswegs,
die Art und Größe der zur Einbettung der Kabel etwa herzustellenden Kanäle.

Wie der Plan zu gestalten ist, ergiebt sich aus der Anlage A.

II. Die Wegepolizeibehörden sind im Planfeststellungsverfahren nicht zuzuziehen. Andererseits wird die landesgesetzlich der Wegepolizeibehörde zustehende Befugniß, jederzeit, also unabhängig von dem Planfeststellungsverfahren und auch nach dessen Beendigung, Aenderungen an den Telegraphenanlagen aus wege- oder verkehrspolizeilichen Gründen zu verlangen, durch das Telegraphenwege-Gesetz nicht berührt. Aus gleichem

Wird die Umlegung oder Veränderung vorhandener oder solcher in der Vorbereitung befindlicher besonderer Anlagen verlangt, deren Herstellung im öffentlichen Interesse liegt, so ist in dem Plane darauf hinzuweisen.

Die Behörde, welche den Plan auslegt, hat ihn mit ihrer Unterschrift zu versehen Die Post- oder Telegraphenämter, bei welchen der Plan ausgelegt wird, haben den ersten Tag der Auslegung auf dem Plane zu vermerken.

Grunde bleiben auch die landesgesetzlichen Vorschriften aus dem Gebiete der Wasserpolizei von dem vorliegenden Gesetz unberührt, z. B. solche, nach denen zur Aufstellung von Telegraphenstangen im Hochwasserbereich eines öffentlichen Gewässers eine besondere wasserpolizeiliche Erlaubniß eingeholt werden muß (Begr. S. 23). Vergl. auch Erläuterungen zu §. 3.

III. Die Bekanntmachung in den Zeitungen ist möglichst kurz zu fassen und hat etwa folgendermaßen zu lauten: »Der Plan über die Errichtung einer oberirdischen Telegraphenlinie an der Landstraße von ...... nach ...... liegt bei den Postämtern in ......, bei jedem für seinen Bezirk, aus«. Außer den zu Veröffentlichungen der unteren Verwaltungsbehörde dienenden Zeitungen ist die Bekanntmachung auch den übrigen Zeitungen im Bereiche der Auslegungs-Postanstalten mit dem Anheimstellen der unentgeltlichen Veröffentlichung zuzufertigen.

IV. Den dem Reichs-Postamte zur Nachprüfung und Feststellung vorzulegenden Kostenanschlägen über Telegraphen-

4. Die Telegraphenverwaltung hat vor der Feststellung des Planes auf Verlangen eines der Betheiligten, welchen nach §. 7 Abs. 2 der Plan besonders mitzutheilen ist, bei einer Ortsbesichtigung mitzuwirken. Die Kosten der Ortsbesichtigung trägt die Telegraphenverwaltung.

Den Betheiligten wird für ihr Erscheinen oder für ihre Vertretung vor der Behörde eine Entschädigung nicht gewährt.

§. 8.

Die Telegraphenverwaltung ist zur Ausführung des Planes befugt, wenn nicht gegen diesen von den Betheiligten binnen vier Wochen bei der Behörde, welche den Plan ausgelegt hat, Einspruch erhoben wird.

Neuanlagen ist, soweit es bei diesen der Durchführung des Planfeststellungsverfahrens bedarf, eine Abschrift des Planes beizufügen.

Zu §. 8.

1. Gegen den Plan können folgende Einwände erhoben werden:

daß durch die beabsichtigte Telegraphenlinie der Gemeingebrauch der Verkehrswege dauernd beschränkt werde (§. 1);

daß durch die Art der Ausführung der Anlage die Unterhaltung der Verkehrswege mehr als nöthig erschwert oder die vorübergehende Beschränkung ihres Gemeingebrauchs über das nothwendige Maß ausgedehnt werde (§. 2);

daß eine größere Schonung der Baumpflanzungen bei anderer Herstellung der Linie möglich sei (§. 4);

Die Einspruchsfrist beginnt für diejenigen, denen der Plan gemäß den Vorschriften des §. 7 Abs. 2 mitgetheilt ist, mit der Zustellung, für andere Betheiligte mit der öffentlichen Auslegung.

Der Einspruch kann nur darauf gestützt werden, daß der Plan eine Verletzung der Vorschriften der §§. 1 bis 5 dieses Gesetzes oder der auf Grund des §. 18 erlassenen Anordnungen enthält.

Ueber den Einspruch entscheidet die höhere Verwaltungsbehörde. Gegen die Entscheidung findet, sofern die höhere Verwaltungsbehörde nicht zugleich Landes-Zentralbehörde ist, binnen einer Frist von zwei Wochen nach der Zustellung die Beschwerde an die Landes-Zentralbehörde statt. Die Landes-Zentralbehörde hat in allen Fällen vor der Entscheidung die Zentral-Telegraphenbehörde zu hören. Auf Antrag der Telegraphenverwaltung kann die Entscheidung der höheren Verwaltungsbehörde für vorläufig vollstreckbar erklärt werden. Wird eine für vorläufig vollstreckbar erklärte Entscheidung aufgehoben oder abgeändert, so ist die Telegraphenverwaltung zum Ersatze des Schadens verpflichtet, der

---

daß vorhandene oder in der Vorbereitung befindliche besondere Anlagen durch eine veränderte Ausführung der Linie weniger störend beeinflußt werden würden (§. 5).

Diese Einwendungen stehen Jedermann zu, der ein Interesse daran hat, sie geltend zu machen. Der Kreis der Einspruchsberechtigten ist durch das Gesetz nicht begrenzt.

dem Gegner durch die Ausführung der Telegraphenlinie entstanden ist.

Ausführungsbestimmungen des Reichskanzlers vom 26. Januar 1900.

5. Für das Einspruchsverfahren gelten folgende Bestimmungen:

A. Der Einspruch ist schriftlich oder zu Protokoll zu erklären. Die Einspruchsschrift soll die zur Begründung des Einspruchs dienenden Thatsachen enthalten.

Zur Entgegennahme des Einspruchs sind an Stelle der Behörde, die den Plan ausgelegt hat, auch die Post- und Telegraphenämter ermächtigt, bei denen der Plan ausgelegt ist.

B. Nach Ablauf der Einspruchsfrist werden die Einsprüche gegen den Plan, sofern dies die Behörde, die den Plan ausgelegt

---

II. Unterläßt Jemand, rechtzeitig gegen den Plan Einspruch zu erheben, so werden durch die Unterlassung die aus der Ausführung der Linie laut den Vorschriften dieses Gesetzes entstehenden Schadenersatzansprüche nicht berührt. Wird im Einspruchsverfahren der Einspruch als unbegründet zurückgewiesen, so verliert der Beschwerdeführer nur diejenigen Einwände, zu deren Geltendmachung er im Einspruchsverfahren Gelegenheit hatte (Begr. S. 23, 24).

hat, zur Aufklärung der Sachlage oder zur Herbeiführung einer Verständigung für zweckdienlich erachtet, in einem Termine vor einem Beauftragten der genannten Behörde erörtert.

C. Zu dem Termine werden diejenigen, welche Einspruch erhoben haben, vorgeladen.

Denjenigen, welchen der Plan gemäß §. 7 Abs. 2 mitgetheilt ist, wird von dem Termine Kenntniß gegeben.

Die Erschienenen werden mit ihren Erklärungen zu Protokoll gehört.

Der Beauftragte hat die Verhandlungen nach ihrem Abschlusse der Behörde, die den Plan ausgelegt hat, einzureichen.

D. Die Behörde, die den Plan ausgelegt hat, übersendet die Verhandlungen, sofern die erhobenen Einsprüche nicht zurückgenommen sind, der höheren Verwaltungsbehörde.

III. Ist die höhere Verwaltungsbehörde nicht zugleich Landes-Zentralbehörde, so wird es sich in der Regel empfehlen, daß die Ober-Postdirectionen bei der Uebersendung der im Einspruchsverfahren entstandenen Verhandlungen den Antrag stellen, die Entscheidung der höheren Verwaltungsbehörde für vorläufig vollstreckbar zu erklären. Ob und inwieweit alsdann mit der Ausführung der Anlage vorzugehen ist, bevor die Frist für die Beschwerde an die Landes-Zentralbehörde ab-

E. Die höhere Verwaltungsbehörde entscheidet auf Grund der ihr übersandten Verhandlungen und des Ergebnisses der etwa weiter von ihr angestellten Ermittelungen.

Sie hat ihre Entscheidung der Behörde, die den Plan ausgelegt hat, sowie denjenigen, welche Einspruch erhoben haben, zuzustellen.

F. Die Beschwerde ist bei der höheren Verwaltungsbehörde, deren Entscheidung angefochten werden soll, oder bei der Landes-Zentralbehörde schriftlich einzulegen und zu rechtfertigen.

G. Zustellungen erfolgen unter entsprechender Anwendung der §§. 208 bis 213 der Civilprozeßordnung (Reichs-Gesetzbl. 1898 S. 410 ff.).

H. Die in dem Einspruchsverfahren zugezogenen Zeugen und Sachverständigen erhalten Gebühren nach Maßgabe der Gebührenordnung für Zeugen und Sachverständige (Reichs-Gesetzbl. 1898 S. 689 ff.).

---

gelaufen bz. die Entscheidung der letzteren auf die Beschwerde vorliegt, ist nach Lage des Falles zu entscheiden. Die Entscheidung ist bei oberirdischen Telegraphenlinien von den Ober-Postdirectionen zu treffen, handelt es sich um unterirdische Linien, so ist die Genehmigung des Reichs-Postamts einzuholen.

J. Im Einspruchsverfahren kommen Gebühren und Stempel nicht zum Ansatze.

Die durch unbegründete Einwendungen erwachsenen Kosten fallen demjenigen zur Last, der sie verursacht hat; die übrigen Kosten trägt die Telegraphenverwaltung. Die Bestimmung der Nr. 4 Abs. 2 findet Anwendung.

K. Im Einspruchsverfahren ist von Amtswegen über die Verpflichtung zur Tragung der entstandenen Kosten und über die Höhe der zu erstattenden Beträge zu entscheiden.

Die Kosten werden durch Vermittelung der höheren Verwaltungsbehörde in derselben Weise beigetrieben wie Gemeindeabgaben.

L. Das Einspruchsverfahren ist in allen Instanzen als schleunige Angelegenheit zu behandeln.

§. 9.

Auf Verlangen einer Landes-Zentralbehörde ist den von ihr bezeichneten öffentlichen Behörden Kenntniß von dem Plane durch Mittheilung einer Abschrift zu geben.

§. 10.

Wird ohne wesentliche Aenderung vorhandener Telegraphenlinien die Ueberschreitung des in dem urspünglichen Plane für die Leitungen in Anspruch genommenen Raumes beabsichtigt und ist davon eine weitere Beeinträchtigung der Baumpflanzungen durch Ausästungen zu befürchten, so ist den Eigenthümern der Baumpflanzungen vor der Ausführung Gelegenheit zur Wahrnehmung ihrer Interessen zu geben.

§. 11.

Die Reichs-Telegraphenverwaltung kann die Straßenbau- und Polizeibeamten mit der Beaufsichtigung und vorläufigen Wiederherstellung der Telegraphenleitungen nach näherer Anweisung der Landes-Zentralbehörde beauftragen; sie hat dafür den Beamten im Einvernehmen mit der ihnen vorgesetzten Behörde eine besondere Vergütung zu zahlen.

Zu §. 10.

I. Welche Aenderungen als wesentliche anzusehen sind, ergiebt sich aus den Bestimmungen zu §. 7.

II. Ueber die von den Eigenthümern der Baumpflanzungen erhobenen Bedenken entscheidet im Falle des §. 10 nicht die höhere Verwaltungsbehörde oder die Landes-Zentralbehörde, sondern die Telegraphenverwaltung.

III. Hinsichtlich der Ausästungen und des Schadenersatzes gelten die Bestimmungen des §. 4.

Zu §. 11.

I. Ueber die Beaufsichtigung und die vorläufige Wiederherstellung der Telegraphenleitungen durch die Straßenbau- und Polizeibeamten sind mit den Regierungen der einzelnen Staaten

Ausführungsbestimmungen des Reichskanzlers vom 26. Januar 1900.

6. Soweit den Straßenbau- und Polizeibeamten die Beaufsichtigung und die vorläufige Wiederherstellung der Reichs-Telegraphenleitungen übertragen wird, erhalten sie dafür eine Vergütung von 3 Mark bis 4 Mark für das Jahr und

---

des Reichs-Telegraphengebiets folgende Grundsätze vereinbart worden:

1. Auf welchen Strecken die Beaufsichtigung und vorläufige Wiederherstellung der Reichs-Telegraphenlinien den Straßenbaubeamten übertragen werden soll, bestimmen die einzelnen Ober-Postdirectionen. Diese geben den den Straßenbaubeamten unmittelbar vorgesetzten Behörden von der ergangenen Bestimmung Kenntniß.

2. Die Beauftragung der Straßenbaubeamten geschieht durch die ihnen unmittelbar vorgesetzten Behörden unter Aushändigung einer von der Telegraphenverwaltung zu erlassenden Anweisung. Die Namen der Beamten werden den Ober-Postdirectionen durch die Behörden mitgetheilt.

3. Die den Straßenbaubeamten für die Beaufsichtigung und vorläufige Wiederherstellung der Telegraphenlinien zustehende Vergütung, welche nach den vom Reichskanzler erlassenen Ausführungsbestimmungen vom 26. Januar 1900 3 bis 4 Mark für das Jahr und das Kilometer Linie beträgt und deren Höhe innerhalb dieser Grenzen sich nach der Zahl der am Gestänge vorhandenen Leitungen richtet, wird von den Ober-Postdirectionen festgesetzt. Die Auszahlung erfolgt nach näherer Bestimmung der den Beamten vorgesetzten Behörden entweder

das Kilometer Linie. Für die Ermittelung der Thäter vorsätzlicher oder fahrlässiger Beschädigungen der Reichs-Telegraphenlinien erhalten die Straßenbau- und Polizeibeamten Belohnungen bis zur Höhe von 15 Mark.

Berlin, den 26. Januar 1900.

Der Reichskanzler.

In Vertretung:

von Podbielski.

§. 12.

II. Rechte der Telegraphenverwaltung zur Benutzung von Privatgrundstücken.

Die Telegraphenverwaltung ist befugt, Telegraphenlinien durch den Luftraum über Grundstücken, die nicht Verkehrswege im Sinne dieses Gesetzes sind, zu führen, soweit nicht dadurch die Benutzung des Grundstücks nach

---

durch deren Vermittelung oder seitens der Ober-Postdirectionen an die Beamten unmittelbar.

Auf die Bewilligung von Belohnungen an die Straßenbaubeamten für die Ermittelung der Thäter von Beschädigungen der Telegraphenlinien finden die Bestimmungen unter Nr. 4 entsprechende Anwendung.

4. Die Polizeibeamten werden durch die ihnen vorgesetzten Behörden allgemein angewiesen, vorsätzliche und fahrlässige Beschädigungen der Reichs-Telegraphenlinien nach Möglichkeit zu verhüten. Für die Ermittelung der Thäter solcher Beschädigungen erhalten die Polizeibeamten Belohnungen bis zur Höhe

den zur Zeit der Herstellung der Anlage bestehenden Verhältnissen wesentlich beeinträchtigt wird. Tritt später eine solche Beeinträchtigung ein, so hat die Telegraphenverwaltung auf ihre Kosten die Leitungen zu beseitigen.

Beeinträchtigungen in der Benutzung eines Grundstücks, welche ihrer Natur nach lediglich vorübergehend

---

von 15 Mark im Einzelfalle nach näherer Festsetzung durch die Ober-Postdirectionen. Die Auszahlung der Belohnungen erfolgt nach Zustimmung der den Beamten vorgesetzten Behörden und durch deren Vermittelung.

Die Anweisung für die Straßenbaubeamten zur Bewachung und vorläufigen Wiederherstellung der oberirdischen Reichs-Telegraphenlinien sowie die Anweisung zum Schutze der unterirdischen Telegraphenkabel sind in den Anlagen B und C abgedruckt.

Zu §. 12.

I. Für die Beurtheilung der Frage, ob eine Beeinträchtigung des Eigenthümers herbeigeführt wird, sind zunächst nur die bei der Herstellung der Telegraphenlinie bestehenden Verhältnisse maßgebend. Wird erst durch eine später in diesen eintretende Aenderung eine Beeinträchtigung der Benutzung verursacht, z. B. weil der Eigenthümer sein von den Telegraphenleitungen überspanntes Gebäude erhöhen will, so muß die Telegraphenverwaltung die Leitungen auf ihre Kosten beseitigen oder so verlegen, daß eine Beeinträchtigung des Grundstückseigenthümers völlig vermieden wird. Dies gilt insbesondere auch, wenn der Eigenthümer auf seinem Grundstücke besondere Anlagen errichtet, welche den Betrieb der durch den Luftraum geführten Telegraphenlinien beeinträchtigen. In diesem Falle finden die §§. 5 und 6 nicht Anwendung.

sind, stehen der Führung der Telegraphenlinien durch den Luftraum nicht entgegen, doch ist der entstehende Schaden zu ersetzen. Ebenso ist für Beschädigungen des Grundstücks und seines Zubehörs, die in Folge der Führung der Telegraphenlinien durch den Luftraum eintreten, Ersatz zu leisten.

Die Beamten und Beauftragten der Telegraphenverwaltung, welche sich als solche ausweisen, sind befugt,

---

II. Eine vorübergehende Beeinträchtigung des Eigenthums kann eintreten, einerseits, wenn die von der Telegraphenverwaltung veranlaßten Maßnahmen, z. B. das Betreten der Dächer zur Auslegung der Leitungsdrähte, selbst nur vorübergehende sind, andererseits, wenn der Grundstückseigenthümer, welchem bei der gewöhnlichen Art der Benutzung des Grundstücks das Vorhandensein der Telegraphenlinie nicht störend ist, ausnahmsweise sein Grundstück für einen vorübergehenden Zweck, z. B. durch Ausstecken einer Fahne für eine besondere Festlichkeit, anders als bisher benutzen will und er hierbei durch vorhandene Telegraphenleitungen behindert wird (Begr. S. 27).

III. Von der Befugniß zum Betreten der Grundstücke ist nur in dringend nothwendigen Fällen Gebrauch zu machen. Die in Betracht kommenden Beamten und Arbeiter sind mit Ausweiskarten und mit Formularen zu Ankündigungsschreiben auszurüsten. Die Herstellung der Ausweiskarten und der Formulare zu den Ankündigungsschreiben bleibt den Ober-Postdirectionen überlassen.

IV. Ein Recht, Gestänge auf Gebäuden oder Grundstücken aufzustellen, ist durch §. 12 nicht gegeben; dazu bedarf es in jedem Falle der Genehmigung des Eigenthümers.

zur Vornahme nothwendiger Arbeiten an Telegraphenlinien, insbesondere zur Verhütung und Beseitigung von Störungen, die Grundstücke nebst den darauf befindlichen Baulichkeiten und deren Dächern mit Ausnahme der abgeschlossenen Wohnräume während der Tagesstunden nach vorheriger schriftlicher Ankündigung zu betreten. Der dadurch entstehende Schaden ist zu ersetzen.

§. 13.

III. Gemeinsame oder zur Ausführung des Gesetzes dienende Bestimmungen.

Die auf den Vorschriften dieses Gesetzes beruhenden Ersatzansprüche verjähren in zwei Jahren. Die Verjährung beginnt mit dem Schlusse des Jahres, in welchem der Anspruch entstanden ist.

Zu §. 13.

I. Die Bestimmung, daß für alle Ansprüche aus dem Gesetze, für die ein administratives Verfahren nicht ausdrücklich vorgesehen ist, der Rechtsweg offen stehe, bezieht sich nur auf die Verfolgung der aus diesem Gesetze sich ergebenden civilrechtlichen Ansprüche. Wird dagegen von der zuständigen Behörde eine polizeiliche Anordnung erlassen, durch die z. B. eine Aenderung der Telegraphenlinie verlangt wird, so richtet sich, falls die Telegraphenverwaltung gegen eine solche Anordnung Einspruch erheben will, das Verfahren nach den besonderen Bestimmungen der einzelnen Bundesstaaten (Kom. Ber. S. 34).

II. Bei welchen Verwaltungsbehörden die Ersatzansprüche geltend zu machen sind, ergiebt sich aus der Anlage D.

Ersatzansprüche aus den §§. 2, 4, 5 und 6 sind bei der von der Landes-Zentralbehörde bestimmten Verwaltungsbehörde geltend zu machen. Diese setzt die Entschädigung vorläufig fest.

Gegen die Entscheidung der Verwaltungsbehörde steht binnen einer Frist von einem Monate nach der Zustellung des Bescheids die gerichtliche Klage zu.

Für alle anderen Ansprüche steht der Rechtsweg sofort offen.

§. 14.

Die Bestimmung darüber, welche Behörden in jedem Bundesstaat untere und höhere Verwaltungsbehörden im Sinne dieses Gesetzes sind, steht der Landes-Zentralbehörde zu.

§. 15.

Die bestehenden Vorschriften und Vereinbarungen über die Rechte der Telegraphenverwaltung zur Benutzung des Eisenbahngeländes werden durch dieses Gesetz nicht berührt.

Zu §. 14.

1. Welche Behörden als untere und höhere Verwaltungsbehörden anzusehen sind, ergiebt sich aus der Anlage D.

Zu §. 15.

1. Das Eisenbahngelände als solches ist kein öffentlicher Weg. Seine Benutzung zu Zwecken der Telegraphenverwaltung richtet sich nicht nach den §§. 1—11 dieses Gesetzes; statt

§. 16.

Telegraphenverwaltung im Sinne dieses Gesetzes ist die Reichs-Telegraphenverwaltung, die Königlich bayerische und die Königlich württembergische Telegraphenverwaltung.

§. 17.

Die Vorschriften dieses Gesetzes finden auf Telegraphenlinien, welche die Militärverwaltung oder die Marineverwaltung für ihre Zwecke herstellen läßt, entsprechende Anwendung.

---

derselben kommen die bisher geltenden besonderen Bestimmungen zur Anwendung, insbesondere also der als Anlage E abgedruckte Bundesrathsbeschluß vom 21. Dezember 1868 oder die konzessionsmäßig geltenden oder vertraglich vereinbarten Bestimmungen. Dagegen findet, soweit nichts Anderes vereinbart ist, der §. 12 dieses Gesetzes auch auf das Eisenbahngelände Anwendung.

II. Insoweit Bahnen nicht auf eigenem Bahnkörper, sondern auf öffentlichen Wegen geführt sind, bilden sie besondere Anlagen im Sinne der §§. 5 und 6 (Begr. S. 28).

Zu §. 17.

I. Nimmt die Militär- oder Marineverwaltung zur Herstellung ihrer eigenen Telegraphenlinien die Mitwirkung der Reichs-Telegraphenverwaltung in Anspruch, so hat die Militär- oder Marineverwaltung die nach diesem Gesetze zur Erlangung des Rechtes auf Benutzung von öffentlichen Wegen für ihre Linie erforderlichen Schritte zu thun.

§. 18.

Unter Zustimmung des Bundesraths kann der Reichskanzler Anordnungen treffen:

1. über das Maß der Ausästungen;
2. darüber, welche Aenderungen der Telegraphenlinien im Sinne des §. 7 Abs. 1 als wesentlich anzusehen sind;
3. über die Anforderungen, welche an den Plan auf Grund des §. 7 Abs. 1 im Einzelnen zu stellen sind;
4. über die unter Zuziehung der Betheiligten vorzunehmenden Ortsbesichtigungen und über die dabei entstehenden Kosten;
5. über das Einspruchsverfahren und die dabei entstehenden Kosten;
6. über die Höhe der den Straßenbau- und Polizeibeamten zu gewährenden Vergütungen für die im Interesse der Reichs-Telegraphenverwaltung geforderten Dienstleistungen.

§. 19.

Dieses Gesetz tritt am 1. Januar 1900 in Kraft.

Zu §. 19.

Die bereits vor dem 1. Januar 1900 für oder gegen die Telegraphenverwaltung, sei es auf Grund besonderer Ver-

Auf die vorhandenen, zu öffentlichen Zwecken dienenden Linien der Telegraphenverwaltung (§§. 16 und 17) findet

---

träge, sei es auf Grund des §. 12 des Telegraphen-Gesetzes vom 6. April 1892 erwachsenen Ansprüche sind nach dem bisherigen Rechte zu beurtheilen. Dies gilt insbesondere hinsichtlich des Anspruchs auf Erstattung der Kosten für solche Schutzvorrichtungen, welche zu Folge einer vor dem 1. Januar 1900 eingetretenen Beeinflussung des Telegraphenbetriebs durch Starkstromanlagen nothwendig geworden sind.

II. Das Telegraphenwege-Gesetz findet auf alle nach dem 1. Januar 1900 neu zu errichtenden Telegraphenlinien Anwendung, auch bezüglich solcher Wege, für welche bisher besondere Abmachungen bestanden haben.

III. Für die am 1. Januar 1900 bereits vorhanden gewesenen öffentlichen Zwecken dienenden Telegraphenlinien gilt dagegen das neue Gesetz nur, soweit nicht entgegenstehende besondere Vereinbarungen getroffen und diese nicht auf dem Wege der Kündigung oder der Verhandlung aufgehoben sind.

Voraussetzung für die Anwendung des Gesetzes auf die vorhandenen Linien ist also zunächst das Fehlen besonderer Vereinbarungen, d. h. solcher, die etwas von der bisherigen Rechtsregel Abweichendes bestimmen. Vereinbarungen z. B., welche bezüglich der Staatsstraßen oder der in den Besitz der Kommunalverbände übergegangenen früheren Staatsstraßen lediglich die Anwendung des Bundesrathsbeschlusses vom 25. Juni 1869 anerkennen oder welche die in diesem Bundesrathsbeschlusse vorbehaltenen Abreden mit der Straßenbauverwaltung treffen, stehen der Anwendung des Gesetzes nicht entgegen.

dieses Gesetz Anwendung, soweit nicht entgegenstehende besondere Vereinbarungen getroffen sind.

Wo aber durch Vertrag oder Konzession entweder der Bundesrathsbeschluß auf Verhältnisse angewendet ist, für welche er an sich nicht galt oder wo an Stelle des Bundesrathsbeschlusses Abweichendes bestimmt worden ist, liegt eine besondere Vereinbarung vor.

Diese besonderen Verabredungen schließen die Anwendung des Gesetzes auf vorhandene Linien nur aus, soweit sie ihm Entgegenstehendes enthalten. Als nicht entgegenstehend sind insbesondere Vereinbarungen anzusehen, welche nur die Genehmigung der Benutzung eines Weges für die Anlage von Telegraphenlinien (ohne erschwerende Nebenabreden) oder Vorschriften für die Feststellung der Richtungslinie oder Bestimmungen wegen möglichster Schonung der Baumpflanzungen oder wegen der Beaufsichtigung der Linien durch das Straßenbau-Personal enthalten.

Entgegenstehende Vereinbarungen sind aber z. B. solche, welche für die Genehmigung zur Benutzung von Wegen besondere Gegenleistungen (fortlaufende Vergütungen, Ermäßigung der Fernsprechgebühren) gewähren oder die Genehmigung an den Vorbehalt des bedingten oder unbedingten Widerrufs knüpfen oder die Frage der Kosten für Einrichtungen zum Schutze der Telegraphenanlagen gegen andere besondere Anlagen in einer vom Telegraphenwege-Gesetz abweichenden Weise regeln oder eine über die Bestimmungen des bürgerlichen Rechtes hinausgehende Verpflichtung zum Ersatze für Beschädigungen von Gas-, Wasser- und Kanalanlagen begründen.

Auf öffentliche Wege, für welche derartige besondere Abreden getroffen sind, findet das Gesetz bezüglich der am 1. Ja-

Urkundlich unter Unserer Höchsteigenhändigen Unterschrift und beigedrucktem Kaiserlichen Insiegel.

Gegeben Neues Palais, den 18. Dezember 1899.

(L. S.) **Wilhelm.**

Fürst zu Hohenlohe.

---

nuar vorhanden gewesenen Linien überhaupt nicht Anwendung, und zwar ist die Anwendung des Gesetzes in allen seinen Bestimmungen ausgeschlossen. Es ist davon auszugehen, daß die Bestimmungen des Gesetzes über die Benutzung der öffentlichen Wege ein einheitliches Ganzes bilden. Es ist nicht zulässig, etwa den Vorbehalt des Widerrufs bestehen zu lassen, daneben aber die Vorschriften des §. 6 des Gesetzes anzuwenden.

Auch soweit an vorhandenen, dem Gesetze nicht unterworfenen Linien nach dem 1. Januar neue Leitungen angebracht werden, gilt das bisherige Recht.

P

über die Errichtung einer oberirdi

von .

ausgelegt bei dem Kaiserliche

1. Wegezeichnung:

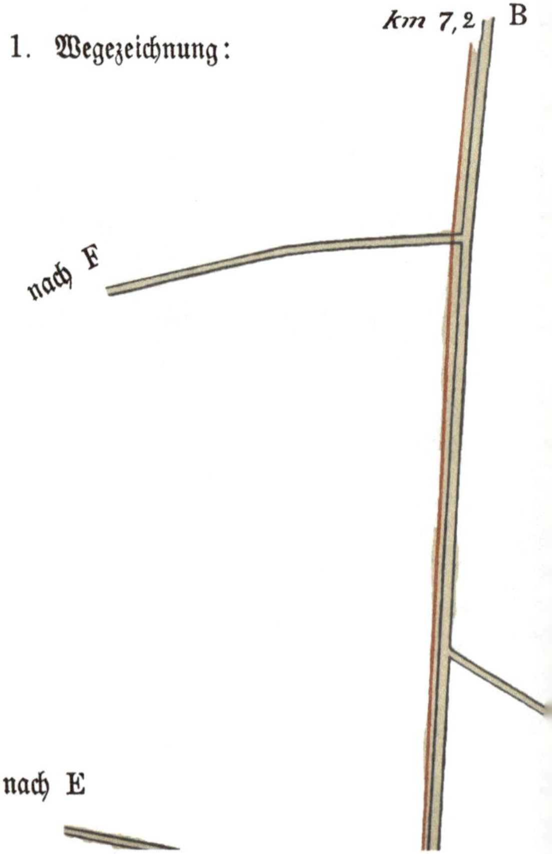

n **Anl. A.**

:elegraphenlinie an der Landstraße

) B.,

ımt in Z. am 4. April 1900.

Zeichenerklärung:

——— oberirdische Telegraphenlinie mit einfachem hölzernen Gestänge.

o—o—o—o oberirdische Telegraphenlinie mit eisernem Gestänge auf den Dächern von Gebäuden.

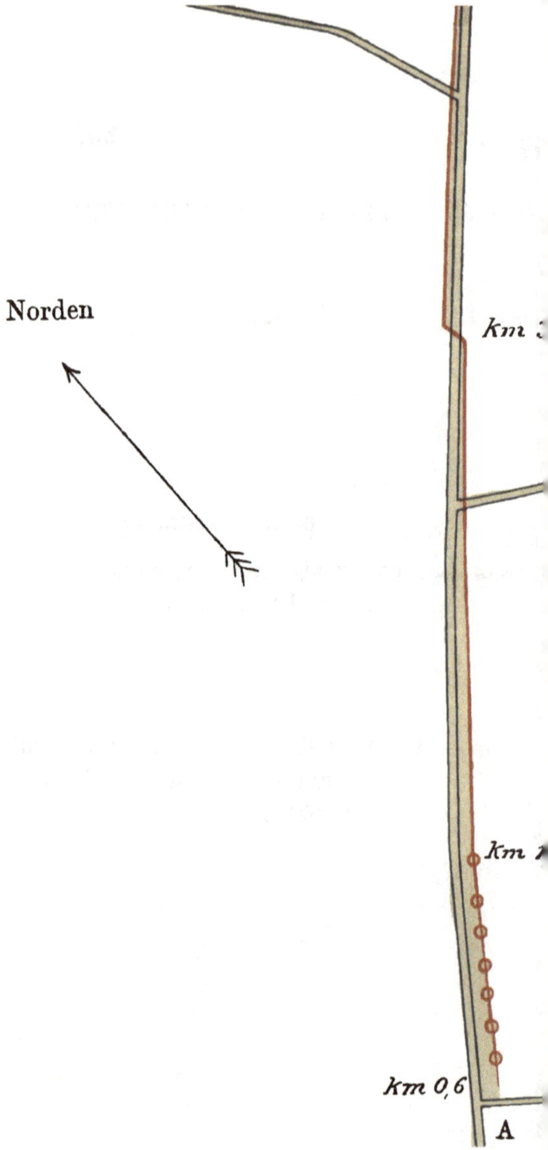

Norden
km 0,6
A

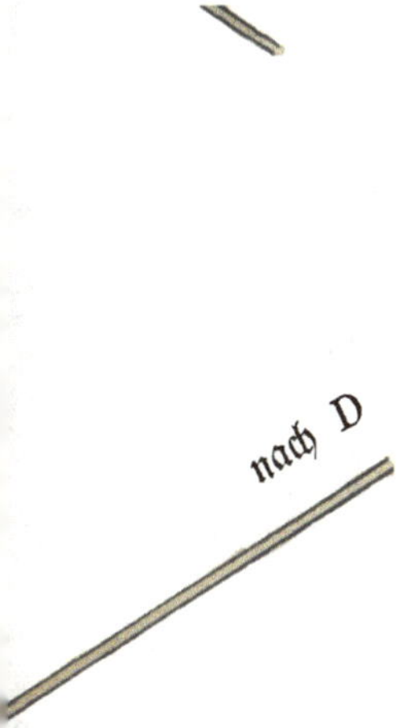

Erläuterungen.

Die Telegraphenlinie verläuft

a) von km 0,6 bis km 3,3 auf der von A aus gesehen rechts liegenden Seite der Straße auf der äußeren Seite des Entwässerungsgrabens.

b) von km 3,3 bis km 7,2 auf der von A aus gesehen links liegenden Seite der Straße auf der Planumkante.

2. Mittlerer Stangenabstand . . . . .

3. Stangenlänge . . . .

4. Stangenbild:

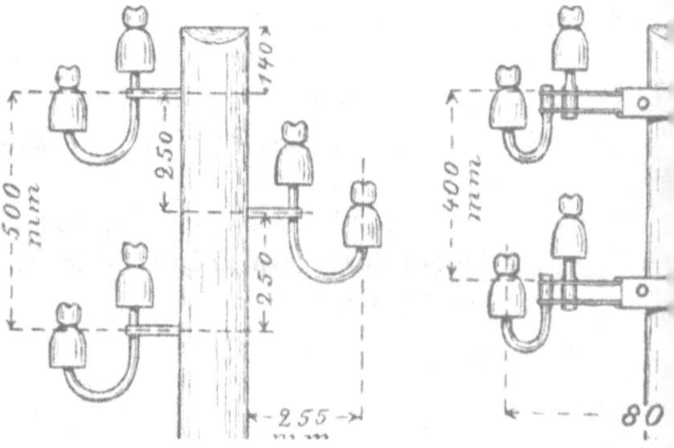

. . . . 58 Meter,

. . . . 8,5 » ,

oder

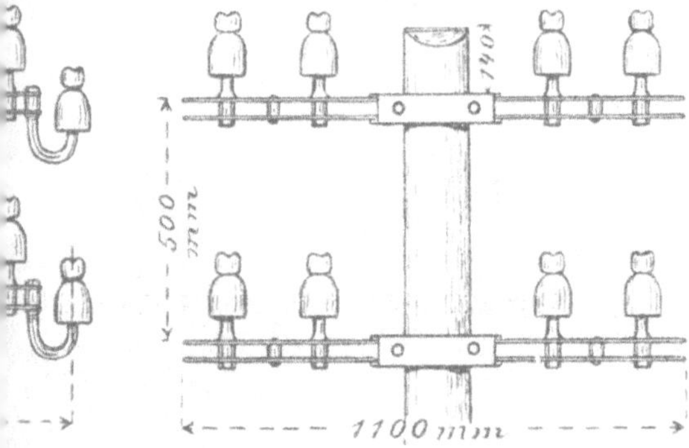

5. Mindesthöhe des untersten Drahtes

a) bei Kreuzungen der Wege über de

b) im Uebrigen über dem Fußpunkte

Ausgelegt von der Kaiserlichen Ober

äche des Verkehrswegs . . . 4,5 Meter,

ange . . . . 3 » .

———

ection in M.

Bemerkungen für die Ober-Postdirectionen.

1. Die Wegezeichnung, auf deren möglichst einfache Gestaltung besonderer Werth gelegt werden muß, ist bei Landlinien in der Regel unter Zugrundelegung der Meßtischblätter im Maßstabe von 1 : 25 000 anzufertigen.

Berührt die Telegraphenlinie die Bezirke mehrerer Post- oder Telegraphenämter und muß der Plan demgemäß bei mehreren Aemtern ausgelegt werden, so werden Plan und Wegezeichnung zweckmäßig abschnittweise für die Bezirke der einzelnen Aemter aufzustellen und auszulegen sein; die Bezirke der Postagenturen sind hierbei denen benachbarter Postämter zuzuschlagen.

Bei Linien in den Städten sind möglichst gedruckte Stadtpläne für die Wegezeichnung zu benutzen und dem Plane beizufügen, wobei durch die Wahl eines hinreichend großen Maßstabs für genügende Deutlichkeit der Zeichnung zu sorgen ist.

2. Der für die oberirdischen Leitungen in Anspruch genommene Raum (§. 7 des Telegraphenwege-Gesetzes) ergiebt sich aus dem Stangenbilde. Er ist nicht auf das augenblickliche Bedürfniß zu beschränken,

sondern so zu begrenzen, daß innerhalb einer angemessenen Zeit eine ausreichende Vermehrung der Leitungen ohne weitere Verhandlungen mit den Eigenthümern der Baumpflanzungen (§. 10 des Telegraphenwege-Gesetzes) stattfinden kann. Bei den Ausästungen darf indeß über das augenblickliche Bedürfniß nicht hinausgegangen werden.

3. Bei Telegraphenlinien, welche die Verkehrswege nur im Luftraum überschreiten, und bei unterirdischen Linien ist die Wegezeichnung im Allgemeinen ähnlich wie in dem vorstehenden Muster zu gestalten.

Bei unterirdischen Linien ist zur Bezeichnung des für die Linie zu benutzenden Theiles des Verkehrswegs außer der Tiefe des Kabellagers unter der Oberfläche des Verkehrswegs in den Erläuterungen zur Wegezeichnung anzugeben, ob die Kabel unter den Fahrdamm oder unter den Fußweg gelegt und in welcher Entfernung von der Wegegrenze oder von den Bordsteinen u. s. w. sie eingebettet werden sollen. Auch ist in den Plan eine mit Maßangaben versehene Querschnittszeichnung der für die Kabel etwa herzustellenden Kanäle (Rohre, Platten, Blöcke) aufzunehmen. Werden solche Kanäle nicht hergestellt, so ist in dem Plane anzugeben, daß die Kabel unmittelbar in die Erde eingebettet werden sollen.

Anl. B.

Anweisung
für die
Straßenbaubeamten
zur
Bewachung und vorläufigen Wiederherstellung
der
oberirdischen Reichs-Telegraphenlinien.

§. 1.

Verpflichtung der Straßenbaubeamten zur Revision der Telegraphenlinien, insbesondere während der Obsternte.

Die Straßenbaubeamten, welchen die Bewachung und vorläufige Wiederherstellung von oberirdischen Reichs-Telegraphenlinien übertragen ist, sind verpflichtet, auf ihren Dienstgängen den Zustand der Telegraphenlinien zu revidiren. — Dabei haben sie auch darüber zu wachen, daß beim Fällen von Bäumen, bei der Aberndtung des Obstes und bei der Ausführung von Ausästungen Beschädigungen oder Störungen der Telegraphenlinien vermieden werden und daß herabfallende Zweige nicht auf oder zwischen den Leitungen liegen bleiben.

Vorsätzliche oder fahrlässige Beschädigungen und Störungen der Telegraphenlinien sind durch das Reichs-Strafgesetzbuch mit empfindlichen Strafen bedroht.

Die Revision derjenigen Strecken, welche der Straßenbaubeamte nicht täglich selbst begeht, hat er dem verläßlichsten Vorarbeiter der daselbst beschäftigten Arbeiter nach Maßgabe der gegenwärtigen Anweisung zu übertragen.

§. 2.

Art der zu beseitigenden Betriebsstörungen.

Die Betriebsstörungen der oberirdischen Telegraphenlinien entstehen entweder

durch wiederkehrende Einflüsse der Witterung und Oertlichkeit, oder

durch Beschädigung der Anlagen, oder

durch Berührung der einzelnen Drähte untereinander.

Die durch Einflüsse der Witterung und Oertlichkeit herbeigeführten Störungen bestehen:

1. in der Anhäufung von Spinngeweben 2c. an den Leitungsdrähten und den Isolatoren.

In geeigneten Fällen sind die Leitungen durch Fegen mit Besen an langen Stielen zu säubern.

2. in der Berührung der Drahtleitungen mit dem Anwuchse der nächsten Bäume und Sträucher.

Diese Störungen kommen namentlich in der ersten Hälfte des Sommers vor und sind durch Abschneiden der die Leitung berührenden Zweige zu beseitigen.

Die Betriebsstörungen können ferner herbeigeführt werden:

3. durch starkes Ueberweichen oder Bruch einer oder mehrerer Stangen.

Ist die Stange nur wenig übergewichen, so daß ihre Stellung dem Straßenverkehre noch nicht gefährlich ist, so genügt die Anzeige des Vorfalls an die nächste Reichs-Telegraphenanstalt.

Ist die Stange stark übergewichen oder geknickt, so daß der Beamte Gefahr im Verzuge findet, so hat er die Stange sofort durch eine Seitenstrebe, durch einen Drahtanker oder durch eine oben umgelegte und nach auswärts straff angezogene Leine so zu befestigen und aufzurichten, daß der Straßenverkehr außer Gefahr ist. Hiernach erfolgt die Anzeige an die nächste Reichs-Telegraphenanstalt.

Ganz gebrochene, nur noch im Drahte hängende Stangen werden entweder tiefer gesetzt oder sofort ausgelöst und in den Graben geworfen. Hängt in dem letzten Falle der Leitungsdraht noch überall frei in der Luft, so genügt die Anzeige; berührt der Draht aber die Erde, so ist er über die nächsten Stangenzwischenräume so zu vertheilen, daß er überall frei schwebt.

4. durch die Zerstörung der Isolatoren.

Ist ein Isolator ganz zerbrochen, so wird ein Vorraths-Isolator aufgesetzt und der Draht daran befestigt.

5. durch Abfallen des Drahtes von den Isolatoren oder dessen Zerreißen.

Ist der Draht von dem Isolator gefallen, ohne zu reißen, so wird er wieder aufgelegt und befestigt.

Ist der Draht zerrissen, so werden die beiden Enden möglichst straff zusammengezogen und durch ein Stück Vorrathsdraht mit zwei Klemmen oder Muffen fest verbunden. Berührt dann der Draht weder die Erde noch andere Leitungen, so genügt die Anzeige. Berührt der Draht aber die Erde oder andere Leitungen, so wird er über die nächsten Stangenzwischenräume so vertheilt, daß Berührungen nicht mehr stattfinden.

Die Berührung verschiedener Leitungsdrähte entsteht:

6. in der Regel dadurch, daß der obere Draht zwischen zwei Stangen bis auf den unteren durchsackt. In diesem Falle ist der zu weit durchhängende Draht auf die nächsten Stangenzwischenräume zu vertheilen.

In einzelnen Fällen kann auch — statt der Berichtigung des Durchhanges des oberen Drahtes — der untere Draht herabgezogen werden; dies geschieht einfach dadurch, daß die Leine über den unteren Draht geworfen und durch einen angebundenen Stein so beschwert wird, daß eine Berührung der Drähte nicht mehr stattfindet. Selbstverständlich muß der Stein frei schweben und die Leine darf weder andere Drähte noch den Erdboden berühren. Hat sich irgendwo der Draht so tief gesenkt, daß er den Straßenverkehr zu hindern droht, so ist Anzeige zu machen.

§. 3.

Meldungen.

Eine jede Betriebsstörung wird, nachdem sie vorschriftsmäßig beseitigt ist, mit der nächsten Post durch das den Beamten übergebene Formular an die nächste Reichs-Telegraphenanstalt gemeldet. Die Postbegleiter und Briefträger sind verpflichtet, diese Meldungen unterwegs anzunehmen.

Von bevorstehenden Veränderungen an den Verkehrswegen, soweit dadurch der Bestand der Telegraphenlinien betroffen wird, namentlich von beabsichtigten Baumfällungen, durch welche Telegraphenleitungen gefährdet werden können sowie von fahrlässigen oder vorsätzlichen Beschädigungen der Telegraphenlinien ist so früh als möglich ebenfalls der nächsten Reichs-Telegraphenanstalt Meldung zu erstatten.

§. 4.

Ausrüstung der Straßenbaubeamten.

Zur Ausführung der im §. 2 beschriebenen vorläufigen Instandsetzungen erhält jeder Straßenbaubeamte:

5 Vorraths-Isolatoren,
1 Feile,
1 Flachzange,
1 Fangschnur von 18 m Länge,
je 1 Stück Eisendraht und Bronze- oder Doppelmetalldraht von 3 mm Stärke (zusammen 3 kg) mit den nöthigen Klemmen,
1 Besen mit langem Stiel,
24 Bindedrähte,
6 Meldungs-Formulare,
1 Leiter.

Der Ersatz für die verbrauchten Stücke ist von der nächsten Reichs-Telegraphenanstalt zu beziehen.

§. 5.

Pflichten der Straßenbaubeamten gegenüber den revidirenden Telegraphenbeamten.

Die Straßenbaubeamten sind verpflichtet, dem revidirenden Telegraphenbeamten

a) über die Ausführung der durch diese Anweisung vorgeschriebenen Instandsetzungen,

b) über den Verbleib der für jeden Beamten angeschafften Gegenstände

Rechenschaft zu geben.

Anl. C.

Anweisung

zum

Schutze der unterirdischen Telegraphenkabel bei Ausführung von Erd- und Maurerarbeiten auf Kunststraßen und Landstraßen sowie in den Straßen von Städten und Dörfern.

I. Allgemeines über die Konstruktion der Telegraphenkabel.

Die Telegraphenkabel haben das Aussehen eines Drahtseils. Vielfach treten jedoch die Eisendrähte nicht zu Tage, sondern sind noch mit einer asphaltirten Hanfumwickelung versehen und daher nicht sichtbar. Dieser Hanfumwickelung haftet bei den in der Erde liegenden Kabeln häufig noch Erde, Sand ꝛc. an. In den Straßen von Städten, wie auch Dörfern sind die Kabel fast überall mit einer Lage von gebrannten Ziegelsteinen bedeckt oder in Kanäle gelegt, die aus eisernen Rohren, Cementplatten oder Cementblöcken bestehen.

Die Eisendrähte, welche die äußere, spiralförmige Umgebung des Kabels bilden, dienen zum Schutze des inneren Theiles, der eigentlichen Seele des Kabels. Der innere Theil des Kabels besteht aus isolirten kupfernen Leitungsdrähten. Diese sind vor Allem gegen Beschädigung zu schützen, weil nur dann telegraphirt werden kann, wenn die den Kupferdraht umgebende Isolirhülle völlig unversehrt ist und den Kupferdraht allseitig zusammenhängend umschließt.

Beschädigungen der Isolirhülle und, in Folge davon, Störungen und Unterbrechungen des telegraphischen Betriebs auf den kupfernen Leitungsdrähten entstehen, wenn auf das Kabel mit Werkzeugen Schläge oder Stöße ausgeübt werden, welche die eisernen Schutzdrähte zusammenpressen oder verbiegen oder wenn gar ein scharfes Instrument, wie die Spitze einer Kreuzhacke, zwischen die äußeren eisernen Schutzdrähte hindurch bis auf die Kupferdrähte eindringt. Ferner können Beschädigungen herbeigeführt werden, wenn das Kabel aus irgend welcher Ursache einer Erwärmung ausgesetzt wird.

Es ist deshalb dringend geboten, bei allen Erd- und Maurer- rc. Arbeiten sowie bei den an Gas- und Wasserleitungsanlagen, Kanälen und dergl. vorzunehmenden Arbeiten, welche auf Kunststraßen und Landstraßen, oder in den Straßen von Städten und Dörfern über den darin verlegten Telegraphenkabeln, in der Nähe der Kabellinie oder dieselbe kreuzend ausgeführt werden, die nachstehenden Vorsichtsmaßregeln zu beachten, um Beschädigungen der Kabel und Störungen des Telegraphenbetriebs zu vermeiden.

II. Vorsichtsmaßregeln.

a. Bevor in Kunststraßen oder in den Straßen von Städten und Dörfern, in welchen Kabel liegen, Aufgrabungen stattfinden, ist durch Erkundigung bei den zuständigen Straßenbau-Beamten, den Wegebau-Inspektoren rc., oder bei der nächsten Post- oder Telegraphenanstalt genau festzustellen, an welchen Stellen die Kabel liegen. Müssen die Aufgrabungen in der Richtung der Kabellinie oder diese kreuzend erfolgen, so dürfen zur Lockerung des über dem Kabel auszuhebenden Erdreichs spitze oder scharfe Werkzeuge, wie Spitzhacken, nicht bis zur Tiefe des Kabellagers angewendet werden, weil das Kabel sonst leicht mit den Hacken rc. beschädigt werden kann.

Da die Kabel für gewöhnlich 60 bis 100 cm tief in der Erde liegen, so empfiehlt es sich, Spitzhacken etwa nur bis zur Tiefe von 50 cm anzuwenden. Bei tieferen Ausgrabungen sind zweckmäßig stumpfe Geräthe, wie Schippen, Schaufeln ꝛc., und zwar möglichst wagerecht geführt, anzuwenden, und es sind auch diese nur mit der größten Vorsicht zu handhaben. Sehr rathsam ist es, die Erde unmittelbar über dem Kabel mit den Händen auszuheben.

b. Bei der Reinigung von Wasserdurchlässen, um welche die Kabel herum geführt sind, ist mit aller Vorsicht zu verfahren, damit Beschädigungen der Kabel durch die zur Reinigung der Wasserdurchlässe anzuwendenden Geräthe (Hacken, Schippen. Schaufeln ꝛc.) vermieden werden.

Hat es sich bei diesen Arbeiten nicht vermeiden lassen, die Kabel bloß zu legen, so müssen dieselben mit Erde, mit Brettern oder mit Stroh ausreichend bedeckt werden, um sie vor den Einwirkungen der Wärme zu schützen.

Von jeder Freilegung der Kabel in den vorstehend unter a und b gedachten Fällen ist der nächsten Post- oder Telegraphenanstalt kurze schriftliche oder mündliche Anzeige zu machen, damit diese die zur Sicherung des Kabels weiter erforderlichen Maßnahmen treffen kann. Schriftliche Anzeigen dieser Art können jedem die Strecke passirenden Postillon, Postschaffner oder Briefträger zu kostenfreier Ablieferung an die nächste Post- oder Telegraphenanstalt übergeben werden.

c. Bei Wiedereinfüllung und Einstampfung der Erde in ausgehobene Gräben, in welchen bei der Aushebung die Kabel bloß gelegt worden sind, ist die Erde zunächst nur bis in die Höhe des Kabellagers einzufüllen und festzustampfen, demnächst ist auf das Kabel eine etwa 10 Centimeter hohe Schicht loser, steinfreier Erde aufzubringen und erst, nachdem dies geschehen, mit dem Stampfen, und zwar recht vorsichtig fortzufahren. Durch Feststampfen steinigen Bodens unmittelbar über dem Kabel kann dasselbe leicht Beschädigungen erleiden.

d. Wenn Ausbesserungen an gemauerten Wasserdurchlässen auszuführen sind, in deren Gewölbe-Mauerwerk die Kabel eingelegt sind, oder bei welchen die Kabel unterhalb der Mauerung liegen, ist vor Inangriffnahme der Arbeiten der nächsten Post- oder Telegraphenanstalt Anzeige zu machen; diese wird alsdann die zum Schutze der Kabel etwa erforderlichen Maßregeln anordnen.

e. Sind Aufgrabungen über den Kabeln oder in der Nähe derselben zum Zwecke der Legung von Gas- oder Wasserleitungsröhren oder zum Zwecke der Ausbesserung solcher Rohrleitungen erfolgt, so darf auf der Sohle des ausgehobenen Grabens kein Feuer zu etwaigen Verlöthungen, Dichtungsarbeiten ꝛc. angezündet werden, selbst wenn das Kabel nicht frei gelegt ist, weil auch schon in Folge der durch das Feuer eintretenden Erwärmung des Erdreichs das Kabel ebenfalls erwärmt und dadurch beschädigt werden kann.

Läßt sich die Anzündung von Feuer im ausgehobenen Graben nicht vermeiden, so ist der nächsten Post- oder Telegraphenanstalt rechtzeitig Anzeige zu machen, damit von dieser die zum Schutze des Kabels erforderlichen Maßnahmen getroffen werden können.

Die baaren Auslagen, welche in den vorbezeichneten Fällen durch Anwendung der zum Schutze der Kabel gegen Beschädigungen als erforderlich bezeichneten Vorsichtsmaßregeln, z. B. durch Beschaffung von Brettern, Stroh ꝛc. zur Bedeckung frei gelegter Kabel entstanden sind, werden von der Telegraphenverwaltung erstattet. Zu diesem Zwecke sind solche Auslagen bei der nächsten Post- oder Telegraphenanstalt in Forderung zu stellen.

Zusammen

der Behörden, welche in den einzelnen Staaten des Verwaltungsbehörden im Sinne der §§. 7 und 8 sowie des Telegraphenwege-

Staat.	Untere Verwaltungsbehörden.
Preußen.	Die Landräthe; in den Stadtkreisen die Gemeindevorstände; für Berlin der Polizei-Präsident.
Sachsen.	In den Städten, welche die Revidirte Städteordnung haben, die Stadträthe; wenn es sich in diesen Städten um Telegraphenleitungen an Staatsstraßen handelt, ferner in allen übrigen Städten und in den Landgemeinden die Amtshauptmannschaften.
Baden.	Die Bezirksämter.
Hessen.	Die Kreisämter.
Mecklenburg-Schwerin.	Die Ortsobrigkeit.

stellung — Anl. D.

Reichs-Telegraphengebiets als untere und höhere als Verwaltungsbehörden im Sinne des §. 13 Abs. 2 Gesetzes anzusehen sind.

Höhere Verwaltungsbehörden.	Verwaltungsbehörden im Sinne des §. 13 Abs. 2.
Die Regierungs-Präsidenten; für Berlin der Ober-Präsident.	Die Regierungs-Präsidenten; für Berlin der Polizei-Präsident.
Die Kreishauptmannschaften.	In den Städten, welche die Revidirte Städteordnung haben, die Stadträthe; wenn es sich in diesen Städten um Telegraphenleitungen an Staatsstraßen handelt, ferner in allen übrigen Städten und in den Landgemeinden die Amtshauptmannschaften.
Die Bezirksräthe.	Die Bezirksräthe.
Die Provinzialausschüsse.	Die Provinzialausschüsse.
Das Ministerium des Innern.	Im Domanium: die Großherzoglichen Aemter; in der Ritterschaft: die ritterschaftlichen Polizeiämter; in den Städten und deren Gebiet: die Magistrate.

Staat.	Untere Verwaltungsbehörden.
Sachsen-Weimar.	Die Bezirksdirectoren.
Mecklenburg-Strelitz.	Die Ortsobrigkeit.
Oldenburg.	Im Herzogthum Oldenburg: die Aemter und die Magistrate der Städte erster Klasse; im Fürstenthume Lübeck: für den Bezirk der Stadtgemeinde Eutin der Stadtmagistrat, für den übrigen Theil des Fürstenthums die Regierung; im Fürstenthume Birkenfeld: die Bürgermeister.

Höhere Verwaltungsbehörden.	Verwaltungsbehörden im Sinne des §. 13 Abs. 2.
Das Ministerial-Departement des Innern des Staatsministeriums.	Die Bezirksdirectoren.
Die Landesregierung.	Im Domanium und Cabinetsamte: die Großherzoglichen Aemter; in der Ritterschaft: die ritterschaftlichen Polizeiämter; in den Städten und deren Gebiet: die Magistrate; im Fürstenthume Ratzeburg: die Großherzogliche Landvogtei in Schönberg.
Im Herzogthum Oldenburg: das Staatsministerium, Departement des Innern;	Im Herzogthum Oldenburg: die Aemter und die Magistrate der Städte erster Klasse;
im Fürstenthume Lübeck: für den Bezirk der Stadtgemeinde Eutin die Regierung, für den übrigen Theil des Fürstenthums das Staatsministerium, Departement des Innern;	im Fürstenthume Lübeck: für den Bezirk der Stadtgemeinde Eutin der Stadtmagistrat, für den übrigen Theil des Fürstenthums die Regierung;
im Fürstenthume Birkenfeld: die Regierung.	im Fürstenthume Birkenfeld: die Regierung.

Staat.	Untere Verwaltungsbehörden.
Braunschweig.	Die Kreisdirectionen; für die Stadt Braunschweig die Polizeidirection.
Sachsen-Meiningen.	Die Landräthe.
Sachsen-Altenburg.	Auf dem Lande die Landrathsämter, in den Städten die Stadträthe.
Sachsen-Coburg-Gotha.	Die Bezirks-Verwaltungsbehörden.
Anhalt.	Die Kreisdirectionen, in den Städten Dessau, Cöthen, Zerbst und Bernburg die Polizeiverwaltungen.
Schwarzburg-Rudolstadt.	Die Landrathsämter.*)
Schwarzburg-Sondershausen.	Die Landräthe.
Waldeck.	Die Kreisamtmänner.
Reuß ä. L.	Das Landrathsamt zu Greiz.

*) Erstreckt sich der nach §. 7 des Gesetzes aufzustellende Plan auf Ministerium dasjenige Landrathsamt, welches in diesem Falle als untere

Höhere Verwaltungsbehörden.	Verwaltungsbehörden im Sinne des §. 13 Abs. 2.
Das Staatsministerium.	Die Kreisdirectionen; für die Stadt Braunschweig die Polizeidirection.
Das Staatsministerium, Abtheilung des Innern.	Die Landräthe.
Das Ministerium, Abtheilung des Innern.	Auf dem Lande die Landrathsämter, in den Städten die Stadträthe.
Die Ministerialabtheilung zu Coburg und die Ministerialabtheilung, Departement für innere Verwaltung, zu Gotha.	Die Landrathsämter.
Die Regierung, Abtheilung des Innern.	Die Regierung, Abtheilung des Innern.
Das Ministerium.	Die Landrathsämter.
Die Ministerialabtheilung des Innern.	Die Landräthe.
Der Landesdirector.	Die Kreisamtmänner.
Die Landesregierung.	Das Landrathsamt zu Greiz.

die Bezirke beider Landrathsämter der Oberherrschaft, so bestimmt das Verwaltungsbehörde zu gelten hat.

Staat.	Untere Verwaltungsbehörden.
Reuß j. L.	Die Landrathsämter.
Schaumburg-Lippe.	Die Magistrate und Landrathsämter.
Lippe.	In den Städten die Magistrate, in den ländlichen Bezirken die Verwaltungsämter.
Lübeck.	Das Kommissariat für Eisenbahn-, Post- und Telegraphenangelegenheiten.
Bremen.	Für die Stadt Bremen die Polizeidirection, für das Landgebiet der Landherr, für die Hafenstädte die Stadträthe.
Hamburg.	Für das Stadtgebiet die Baudeputation, für das Landgebiet die Landherrenschaften der Geest- und der Marschlande sowie von Bergedorf und von Ritzebüttel.
Elsaß-Lothringen.	Die Kreisdirectoren, in den Städten Straßburg, Mülhausen und Metz die Polizeidirectoren.

Höhere Verwaltungsbehörden.	Verwaltungsbehörden im Sinne des §. 13 Abs. 2.
Das Ministerium, Abtheilung für das Innere.	Die Landrathsämter.
Das Ministerium.	Die Magistrate und Landrathsämter.
Die Regierung.	Die Regierung.
Der Senat.	Das Kommissariat für Eisenbahn-, Post- und Telegraphenangelegenheiten.
Die Polizeikommission des Senats.	Die Polizeikommission des Senats
Der Senat.	Für das Stadtgebiet die Polizeibehörde, für das Landgebiet die Landherrenschaften der Geest- und der Marschlande sowie von Bergedorf und von Ritzebüttel.
Das Ministerium.	Die Kreisdirectoren, in den Städten Straßburg, Mülhausen und Metz die Polizeidirectoren.

Anl. E.

Verpflichtungen

der

Eisenbahnverwaltung im Interesse der Bundes-Telegraphen-Verwaltung.

(Beschluß des Bundesraths des Norddeutschen Bundes vom 21. Dezember 1868; §. 339 der Protokolle.)

1. Die Eisenbahn-Verwaltung hat die Benutzung des Eisenbahn-Terrains, welches außerhalb des vorschriftsmäßigen freien Profils liegt und soweit es nicht zu Seitengräben, Einfriedigungen 2c. benutzt wird, zur Anlage von oberirdischen und unterirdischen Bundes-Telegraphen-Linien unentgeltlich zu gestatten. Für die oberirdischen Telegraphen-Linien soll thunlichst entfernt von den Bahngeleisen nach Bedürfniß eine einfache oder doppelte Stangenreihe auf der einen Seite des Bahnplanums aufgestellt werden, welche von der Eisenbahn-Verwaltung zur Befestigung ihrer Telegraphen-Leitungen unentgeltlich mitbenutzt werden darf. Zur Anlage der unterirdischen Telegraphen-Linien soll in der Regel diejenige Seite des Bahnterrains benutzt werden, welche von den oberirdischen Linien im Allgemeinen nicht verfolgt wird.

Der erste Trakt der Bundes-Telegraphen-Linien wird von der Bundes-Telegraphen-Verwaltung und der Eisenbahn-Verwaltung gemeinschaftlich festgesetzt. Aenderungen, welche durch den Betrieb der Bahnen nachweislich geboten sind, erfolgen auf Kosten der Bundes-Telegraphen-Verwaltung, resp. der Eisenbahnen; die Kosten werden nach Verhältniß der beiderseitigen Anzahl Drähte repartirt. Ueber anderweite Veränderungen ist beiderseitiges Einverständniß erforderlich und werden dieselben für Rechnung desjenigen Theiles ausgeführt, von welchem dieselben ausgegangen sind.

2. Die Eisenbahn-Verwaltung gestattet den mit der Anlage und Unterhaltung der Bundes-Telegraphen-Linien beauftragten und hierzu legitimirten Telegraphen-Beamten und deren Hülfsarbeitern behufs Ausführung ihrer Geschäfte das Betreten der Bahn unter Beachtung der bahnpolizeilichen Bestimmungen, auch zu gleichem Zwecke diesen Beamten die Benutzung eines Schaffnersitzes oder Dienstcoupés auf allen Zügen, einschließlich der Güterzüge, gegen Lösung von Fahrbillets der III. Wagenklasse.

3.*) Die Eisenbahn-Verwaltung hat den mit der Anlage und Unterhaltung der Bundes-Telegraphen-Linien beauftragten und legitimirten Telegraphen-Beamten auf deren Requisition zum Transporte von Leitungsmaterialien die Benutzung von Bahnmeisterwagen unter bahnpolizeilicher Aufsicht gegen eine Vergütung von 5 Sgr. pro Wagen und Tag und von 20 Sgr. pro Tag der Aufsicht zu gestatten.

4.*) Die Eisenbahn-Verwaltung hat die Bundes-Telegraphen-Anlagen an der Bahn gegen eine Entschädigung bis

---

*) Anmerk. Wegen der Abrechnung mit den Eisenbahnbehörden über die Vergütungen siehe Abschn. VI Abth. 2 der A. D. A.

zur Höhe von 10 Thlrn. pro Jahr und Meile durch ihr Personal bewachen und in Fällen der Beschädigung nach Anleitung der von der Bundes-Telegraphen-Verwaltung erlassenen Instruktion provisorisch wieder herstellen, auch von jeder wahrgenommenen Störung der Linien der nächsten Bundes-Telegraphen-Station Anzeige machen zu lassen.

5. Die Eisenbahn-Verwaltung hat die Lagerung der zur Unterhaltung der Linien erforderlichen Vorräthe von Stangen auf den dazu geeigneten Bahnhöfen unentgeltlich zu gestatten und diese Vorräthe ebenmäßig von ihrem Personale bewachen zu lassen.

6. Die Eisenbahn-Verwaltung hat bei vorübergehenden Unterbrechungen und Störungen der Bundes-Telegraphen alle Depeschen der Bundes-Telegraphen-Verwaltung mittelst ihres Telegraphen, soweit derselbe nicht für den Eisenbahnbetriebs-Dienst in Anspruch genommen ist, unentgeltlich zu befördern, wofür die Bundes-Telegraphen-Verwaltung in der Beförderung von Eisenbahn-Dienstdepeschen Gegenseitigkeit ausüben wird.

7. Die Eisenbahn-Verwaltung hat ihren Betriebstelegraphen auf Erfordern des Bundes-Kanzler-Amts dem Privat-Depeschenverkehre nach Maßgabe der Bestimmungen der Telegraphen-Ordnung für die Korrespondenz auf den Telegraphen-Linien des Norddeutschen Bundes zu eröffnen.

8. Ueber die Ausführung der Bestimmungen unter 1. bis einschließlich 6. wird das Nähere zwischen der Bundes-Telegraphen-Verwaltung und der Eisenbahn-Verwaltung schriftlich vereinbart.

Berlin, gedruckt in der Reichsdruckerei.
707. 00.

FSC
www.fsc.org
MIX
Papier | Fördert gute Waldnutzung
FSC® C083411

Kolibri 360 GmbH
Ferdinand-Jühlke-Straße 7
99095 Erfurt, Deutschland
produktsicherheit@kolibri360.de